Hanbit
RealTime
118

개·발·자·를 위·한

하룻밤에 읽는
Go 언어 이야기

신제용 지음

KB 한빛미디어
Hanbit Media, inc.

표지 사진 **김유안**

이 책의 표지는 김유안님이 보내 주신 풍경사진을 담았습니다.
리얼타임은 독자의 시선을 담은 풍경사진을 책 표지로 보여주고자 합니다.

사진 보내기 ebookwriter@hanbit.co.kr

개발자를 위한 **하룻밤에 읽는 Go 언어 이야기**

전자책발행 2015년 11월 16일
종이책발행 2015년 12월 10일

지은이 신제용 / **펴낸이** 김태헌
펴낸곳 한빛미디어(주) / **주소** 서울시 마포구 양화로 7길 83 한빛미디어(주) IT출판부
전화 02-325-5544 / **팩스** 02-336-7124
등록 1999년 9월 30일 제10-1779호
ISBN 978-89-6848-806-1 13000 / **정가** 13,200원

총괄 배용석 / **책임편집** 김창수 / **기획·편집** 정지연 / **교정** 이미연
디자인 표지/내지 여동일, 조판 최송실 / **제작** 박성우
마케팅 박상용, 송경석 / **영업** 김형진, 김진불, 조유미

이 책에 대한 의견이나 오탈자 및 잘못된 내용에 대한 수정 정보는 한빛미디어(주)의 홈페이지나 아래 이메일로 알려주십시오.
한빛미디어 홈페이지 www.hanbit.co.kr / **이메일** ask@hanbit.co.kr

지금 하지 않으면 할 수 없는 일이 있습니다.
책으로 펴내고 싶은 아이디어나 원고를 메일(ebookwriter@hanbit.co.kr)로 보내주세요.
한빛미디어(주)는 여러분의 소중한 경험과 지식을 기다리고 있습니다.

저자 소개

올해 4월까지 LG전자에서 SW 개발자로 그리고 컨설턴트로 11년을 보냈다. SW 개발자로 펌웨어 개발부터 시작해 단말기에 신규로 탑재되는 TDMB, 카메라, 메신저 등의 기능을 개발했다. 애자일 개발방법론의 열렬한 옹호자로 회사에서 개발방법과 이를 실천할 수 있는 프렉티스를 전파하는 컨설턴트와 개발자 코치 역할을 수행하였다. Java, 안드로이드 앱 개발, Go 언어와 같은 기술 분야를 전파하는 사내 강사로 활동했으며, 애자일 개발방법, 코드 리뷰 등과 같이 팀 단위 생산성을 높이는 방법을 전파하는 워크숍을 개발하고 운영했다.

현재는 드론과 관련된 SW을 연구개발하는 회사를 창업하여 SW 개발자로 다시 돌아왔다. Go 언어는 프로젝트에 필요한 툴을 개발하는 데 사용하고 있으며 새로 구현하는 서비스에도 적용할 예정이다.

Go 언어, 안드로이드 단위 테스트, 오픈소스 하드웨어 등에 관심이 많아 관련된 글을 꾸준히 기사로 남기고 있다. Go 언어와 관련된 활동으로 Go 언어 국내 모임에서 2011년부터 꾸준히 발표자로 참여하고 있으며, 특히 2011년 9월부터 「마이크로소프트웨어」에 'Go 프로그래밍 언어'를 국내에 소개하기 위해 심층적인 분석 내용을 3회 연재했다. 최근에는 개발자들이 Go 언어를 짧은 시간 내에 제대로 사용할 수 있도록 돕는 워크숍을 준비 중이다. 해외 Go 언어 개발자들과 네트워크를 위해 매년 열리는 해외 Go 언어 컨퍼런스와 개발자 모임에도 꾸준히 참석하고 있다.

억서로는 『임베니드 C를 위한 TDD』(2012, 인사이트, 한주영 공역)가 있다.

출판사와 책의 방향을 정하고 집필을 시작한 지 1년이 흘렀다.

몇 년 동안 틈틈이 정리한 자료도 있었고 샌프란시스코에 1년 정도 머물면서 Go 언어 모임에서 다양한 개발자들을 만나 이야기할 기회도 많았다. 이런 이유로 처음 시작했을 때는 몇 달 내에 원고를 마감할 수 있으리라는 확신이 있었다. 하지만 집필에 들어가면서 Go 언어를 처음 접할 개발자가 Go 언어에 대해 궁금해하는 것이 인터뷰를 진행하면서 구체적으로 드러났다. 초기의 계획과 방향에 수정이 생기면서 자료 보강이 필요하여 집필 시간이 오래 걸렸다. 단순한 사실의 열거만으로는 다음과 같은 궁금증에 답을 주기 어렵다고 생각했다.

> Go 언어를 배우면 어디에 써먹을 수 있나요?
> Go 언어를 배우면 나중에 도움이 될까요?
> 안드로이드 개발은 Go 언어로 대체되는 건가요?
> 기존 언어와의 차이점은 무엇인가요?

구글에서 일하는 Go 언어 개발팀을 비롯해 국내외 Go 언어 개발자 그리고 제품이나 서비스에 Go 언어를 사용하는 개발자를 만나서 답을 얻고자 노력했다. 노력을 많이 기울인 만큼 Go 언어에 관심을 가지기 시작한 개발자에게 이 책이 길잡이 역할을 해주었기를 기대한다.

Go 언어를 알아가는 과정은 필자의 인생에도 많은 영향을 미쳤다. Go 언어를 만든 개발자들 개개인의 삶을 추적하면서 존경하는 마음이 들었고 지금은 훌륭한 롤모델로 필자의 마음속에 자리 잡았다. 필자처럼 Go 언어 자체의 재미뿐만 아니라 Go 언어를 만든 개발자들과도 친근해졌기를 기대한다.

Go 언어가 정식으로 공개되고 5년 정도가 지난 지금, Go 언어의 방향에 대해 언급하는 것이 섣부른 판단이 될지도 몰라 조심스러웠다. 하지만 시작부터 현재의 모습을 정확히 이해한다면 여러분 스스로 Go 언어가 어떻게 발전해 나가고 어느 부분에 활용할 수 있을지를 판단할 수 있으리라 생각한다.

필자처럼 여러분도 Go 언어와 좋은 인연을 맺기 바라며 기회가 주어진다면 Go 언어가 정식으로 세상에 나온 10주년쯤에 Go 언어가 걸어온 길을 뒤돌아보면서 국내 Go 언어 개발자들을 다시 만나보고 싶다.

이 책은 다음 세 사람이 나누는 대화를 통하여 Go 언어를 알아보고, 지금까지 제가 국내외에서 만난 개발자와 나눈 이야기를 대화 형식으로 정리하였습니다. 프로그래밍에 입문한 지 얼마 되지 않은 초보자와 현업 개발자의 대화를 통해 Go 언어에 대한 실질적인 궁금증을 해소할 수 있도록 구성하였습니다. 입문자가 가질 만한 질문을 섞어서 이해하기 쉽고 설명이 지루하지 않도록 구성하는 데 최선을 다하였습니다.

등장 인물

김학생 컴퓨터공학과에 입학한 지 이제 1년이 되어 가는 대학 새내기다. 미국에서 개발자로 일하는 사촌 형의 권유로 컴퓨터공학과에 입학하였으며 1학년 과목으로 컴퓨터공학의 기초과목, C 언어를 경험한 상태다. 아직 개발이 자신의 적성과 맞는지 의문이 든다. 하지만 앞으로 개발을 계속 공부한다면 선배들의 조언에 따라 개발 언어 하나쯤은 잘 다루고 싶다고 생각하고 있다.

이경험 현재 안드로이드 앱을 개발하는 회사의 주임 연구원이다. 올해로 개발 5년 차며 Java, C++를 이용하여 개발한 경험이 있다. 현재는 Java로 안드로이드 앱을 개발하고 있다. 이전 직장에서는 C++로 임베디드 소프트웨어 개발을 했는데 회사 사정이 어려워져서 이직하게 되었다. 그동안 다양한 개발 언어를 배우고 익히고 싶어도 프로젝트에 쫓겨 시간을 낼 수가 없었다. 그런데 지난주에 프로젝트가 마무리되면서 새로운 언어로 무엇을 배워볼까 고민하고 있다.

신제용 김학생과 이경험에게 Go 언어에 대해 알려 주는 인물이다. 안드로이드 스마트폰이 나오기 전부터 휴대전화에 들어가는 소프트웨어를 주로 개발하였다. 안드로이드 스마트폰이 나온 이후에는 안드로이드 앱을 개발하고 안드로이드 앱에 대해 교육하는 일을 담당하였다. 회사에서 주로 사용한 프로그래밍 언어는 C와 Java였다. 2009년 새로운 개발 언어가 나왔다는 뉴스를 접한 뒤 '이건 뭐지?'라는 호기심으로 Go 언어에 대한 자료를 모으기 시작하였다. 이후 Go 언어와 관련된 글을 쓰고, Go 언어와 관련된 프레젠테이션을 도맡았으며, Go 언어에 대한 교육을 시작하였다. 다양한 활동을 통하여 Go 언어의 가능성을 알리는 데 조금이라도 힘을 보태고 싶어한다.

한빛 리얼타임은 IT 개발자를 위한 전자책입니다.

요즘 IT 업계에는 하루가 멀다 하고 수많은 기술이 나타나고 사라져 갑니다. 인터넷을 아무리 뒤져도 조금이나마 정리된 정보를 찾기도 쉽지 않습니다. 또한, 잘 정리되어 책으로 나오기까지는 오랜 시간이 걸립니다. 어떻게 하면 조금이라도 더 유용한 정보를 빠르게 얻을 수 있을까요? 어떻게 하면 남보다 조금 더 빨리 경험하고 습득한 지식을 공유하고 발전시켜 나갈 수 있을까요? 세상에는 수많은 종이책이 있습니다. 그리고 그 종이책을 그대로 옮긴 전자책도 많습니다. 전자책에는 전자책에 적합한 콘텐츠와 전자책의 특성을 살린 형식이 있다고 생각합니다.

한빛이 지금 생각하고 추구하는, 개발자를 위한 리얼타임 전자책은 이렇습니다.

1 eBook First –
빠르게 변화하는 IT 기술에 대해 핵심적인 정보를 신속하게 제공합니다

500페이지 가까운 분량의 잘 정리된 도서(종이책)가 아니라, 핵심적인 내용을 빠르게 전달하기 위해 조금은 거칠지만 100페이지 내외의 전자책 전용으로 개발한 서비스입니다. 독자에게는 새로운 정보를 빨리 얻을 기회가 되고, 자신이 먼저 경험한 지식과 정보를 책으로 펴내고 싶지만 너무 바빠서 엄두를 못 내는 선배, 전문가, 고수 분에게는 좀 더 쉽게 집필할 수 있는 기회가 될 수 있으리라 생각합니다. 또한, 새로운 정보와 지식을 빠르게 전달하기 위해 O'Reilly의 전자책 번역 서비스도 하고 있습니다.

2 무료로 업데이트되는 전자책 전용 서비스입니다

종이책으로는 기술의 변화 속도를 따라잡기가 쉽지 않습니다. 책이 일정 분량 이상으로 집필되고 정리되어 나오는 동안 기술은 이미 변해 있습니다. 전자책으로 출간된 이후에도 버전 업을 통해 중요한 기술적 변화가 있거나 저자(역자)와 독자가 소통하면서 보완하여 발전된 노하우가 정리되면 구매하신 분께 무료로 업데이트해 드립니다.

3 독자의 편의를 위해 DRM-Free로 제공합니다

구매한 전자책을 다양한 IT 기기에서 자유롭게 활용할 수 있도록 DRM-Free PDF 포맷으로 제공합니다. 이는 독자 여러분과 한빛이 생각하고 추구하는 전자책을 만들어 나가기 위해 독자 여러분이 언제 어디서 어떤 기기를 사용하더라도 편리하게 전자책을 볼 수 있도록 하기 위함입니다.

4 전자책 환경을 고려한 최적의 형태와 디자인에 담고자 노력했습니다

종이책을 그대로 옮겨 놓아 가독성이 떨어지고 읽기 어려운 전자책이 아니라, 전자책의 환경에 가능한 한 최적화하여 쾌적한 경험을 드리고자 합니다. 링크 등의 기능을 적극적으로 이용할 수 있음은 물론이고 글자 크기나 행간, 여백 등을 전자책에 가장 최적화된 형태로 새롭게 디자인하였습니다.

앞으로도 독자 여러분의 충고에 귀 기울이며 지속해서 발전시켜 나가겠습니다.

Go 언어 맛보기

프로그래밍을 막 시작한 김학생, 현업에서 개발자로 일하는 이경험, Go 언어의 안내자 신제용의 대화를 통하여 Go 언어에 대한 첫발을 떼 보자.

김학생 안녕하세요. 컴퓨터공학과 1학년 김학생입니다.

이경험 안녕하세요. 안드로이드 앱을 개발하고 있는 이경험입니다.

신제용 안녕하세요. 만나 뵙게 되어서 반갑습니다. 여러분께 Go 언어에 대해 이야기해 드릴 신제용입니다. Go 언어에 대한 설명에 앞서 여러분께서 Go 언어에 관해 어떤 관점으로 접근하고 있는지, 무엇이 궁금한지 이야기를 듣고 싶습니다.

김학생 제가 먼저 말씀드리겠습니다. 저는 이제 막 학교에서 C 언어 기초를 배우기 시작했습니다. 선배들이 프로그래밍 언어 하나쯤은 마스터하고 졸업하라고 하는데 아직 어떤 언어를 공부해야 할지 정하지 못하였습니다. 이왕이면 제가 사회에 나갔을 시점에 많이 사용하는 언어를 마스터하고 싶은데 제가 졸업할 무렵 Go 언어가 널리 사용될지 궁금합니다. 그렇다고 하면 지금부터라도 열심히 시작하고 싶어서요.

이경험 저는 이미 C와 Java를 이용해 개발한 경험이 있습니다. Go 언어가 기존 언어와 다른 점이 무엇인지 어떤 분야에서 많이 활용될 것인지 궁금합니다. 제가 작업하는 분야에도 적용할 수 있다면 다음 프로젝트에 활용하고 싶습니다.

신제용 김학생 님은 앞으로 Go 언어가 널리 사용될 언어인지, 이경험 님은 Go 언어가 기존 언어와 무엇이 다른지와 어떻게 활용할 수 있는지 궁금하시군요. 그럼 Go 언어에 대해 설명하면서 말씀하신 부분에 대해서는 조금 더 구체적으로 설명하겠습니다. 자, 그럼 Go 언어가 무엇인지 예제를 먼저 봐 볼까요?

김학생, 이경험 네, 좋습니다.

김학생 저 그런데, 실습하는지 모르고 미처 노트북을 준비하지 못했어요.

신제용 괜찮아요. 스마트폰은 가지고 계시죠? 스마트폰으로도 쉽게 실행해 볼 수 있습니다. 그럼 스마트폰에서 웹 브라우저를 실행해 http://golang.org 에 접속해 볼까요?

김학생 네, 접속했습니다.

신제용 화면에 'Try Go'가 있고 그 아래 노란 창이 뜰 거예요.

그림 1 Go 홈페이지

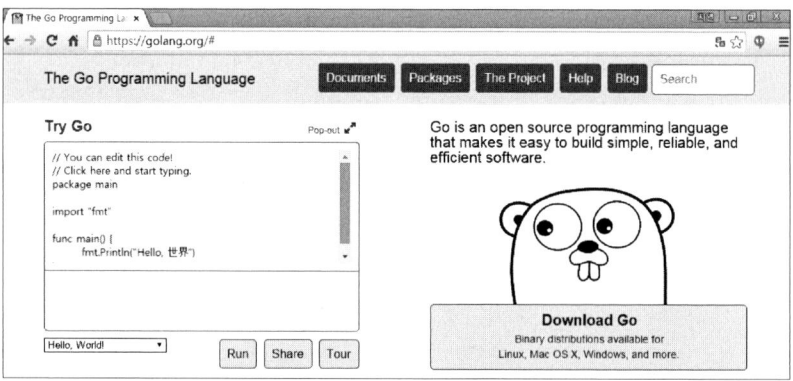

신제용 이 창에는 다음과 같이 Go 언어로 "Hello, 世界"를 출력하는 코드가 있습니다.

```
// You can edit this code!
// Click here and start typing.
package main

import "fmt"

func main() {
    fmt.Println("Hello, 世界")
}
```

김학생 프로그래밍 언어를 배울 때 가장 먼저 보았던 예제 같은데요? main 함수와
Println 문을 보니 C 언어와 비슷하네요.

이경험 Java와도 비슷한 것 같아요.

신제용 새로운 언어임에도 생소하게 느끼지 않아서 다행입니다.

이경험 그런데 한자를 사용하고 있네요?

신제용 네, 잘 보셨습니다. 코드 사이에 한자가 적혀 있으니 눈에 확 띄지요? 그 부
분이 바르게 실행될지도 눈여겨봐 주세요. 그럼 [Run] 버튼을 눌러 코드를
실행해 볼까요?

그림 2 "Hello, 世界" 실행하기

김학생　와! 바로 실행이 되었네요.

신제용　이번에는 "Hello, 世界" 대신에 "Hello, 제용"처럼 여러분 이름을 넣고 한 번 실행해 볼까요?

그림 3 "Hello, 제용" 실행하기

김학생　스마트폰에서도 프로그래밍을 할 수 있으니 지하철 타고 가면서 심심할 때 코딩 연습이 가능하겠어요.

이경험　흥미롭네요. 결과가 바로바로 나와서 좋아요.

신제용　아주 중요한 점을 지적하셨습니다. 현재 웹에서 보이는 코드는 실제로 서버에서 컴파일Compile과 빌드Build 과정을 거쳐서 실행하게 됩니다.

이경험　인터프리터 방식이 아니고 실제로 실행파일을 만들어서 실행하는 방식이군요.

신제용　네. 사실 Go 언어 개발팀에서 자랑스럽게 생각하는 점 중에 하나가 빠른 빌드입니다. 그래서 Go 언어가 처음 세상에 나온 시점부터 메인 화면에서 샘플 코드를 실행할 수 있도록 서비스하고 있습니다.

김학생 그런 비밀이 숨어 있었군요. 최근에 HTML이나 JavaScript 코드를 브라우저에서 바로 실행할 수 있도록 제공하는 사이트는 봤는데 빌드해서 실행하는 것은 처음 봤습니다.

이경험 한자와 한글도 지원되는 부분도 놀랍습니다.

신제용 네, 빠른 빌드와 더불어 Go팀이 강조하는 부분이 바로 UTF-8을 지원한다는 것입니다. Go 언어는 소스 코드에 한자어나 한글 등 다양한 언어를 기본으로 사용할 수 있습니다. Go 언어를 만든 사람들과 UTF-8이 어떤 관련이 있는지는 나중에 알아보겠습니다.

Go 언어의 탄생

Go 언어가 탄생하기까지

2007년 어느 화창한 가을날 샌프란시스코 근처 구글 사무실. 화이트보드 앞에 세 개발자가 모여 있었다. 한 사람은 화이트보드에 무언가 적고 있고 두 사람은 화이트보드를 보며 깊은 생각에 잠겨 있었다.

잠시 후 이들은 각자 생각한 것을 꺼내 놓았다. 화이트보드에 글로 적기도 하고 그림으로 그리기도 했다. 중간중간 다른 사람과 이견이 있는 부분에서는 목소리 톤이 높아지기도 했다. 이들은 무엇을 하고 있던 것일까?

열띤 토론을 벌인 세 사람은 로버트 그리스머Robert Griesemer, 켄 톰슨Ken Thompson, 롭 파이크Rob Pike로, 이들은 앞으로 만들 새로운 개발 언어에 대해 이야기하고 있었다. 새로 태어날 개발 언어가 어떤 모습이어야 할지에 대해 각자가 지금까지 경험한 것을 바탕으로 의견을 나누고 있었다. 이렇게 새로 태어난 언어가 바로 Go 언어다.

개발 중간에 두 명의 멤버가 더 보강되었다. 그 중 이안 테일러Ian Taylor는 Go 언어를 GCC 컴파일러에 적용하는 일을 맡고, 러스 콕스Russ Cox는 Go 언어이 완성도를 높이는 일을 담당하게 되었다.

Go 탄생 후

2009년 11월, 드디어 Go 언어가 공개되었다. 공개와 함께 다양한 매체에서 Go 언어에 대해 높은 관심을 보였다. 대부분 '구글이 만든 개발 언어'라는 제목의 기사들이었다. 우호적인 내용도 있지만 그렇지 않은 내용도 있었다.

I Like It!

CNET이나 SWITCHED에서는 구글의 새로운 개발 언어에 대한 소개와 향후 기대에 대한 내용을 볼 수 있었다. 구글이 내부의 천재 개발자를 모아 새로운 언어를 만들어냈다는 찬사를 보내기도 했다. 놀라운 사실은 TIOBE가 2009년 올해의 개발 언어 타이틀을 Go 언어에 수여했다는 것이다. Go 언어가 2009년 11월에 나왔다는 사실을 떠올려 보면 Go 언어에 대한 관심이 얼마나 뜨거웠는지를 미루어 짐작할 수 있다.

그림 4 TIOBE 사이트에서 뽑은 올해의 프로그래밍 언어[01]

Programming Language Hall of Fame

The hall of fame listing all "Programming Language of the Year" award winners is shown below. The award is given to the programming language that has the highest rise in ratings in a year.

Year	Winner
2014	JavaScript
2013	Transact-SQL
2012	Objective-C
2011	Objective-C
2010	Python
2009	Go
2008	C
2007	Python
2006	Ruby
2005	Java
2004	PHP
2003	C++

01 출처: http://www.tiobe.com/index.php/content/paperinfo/tpci/index.html

I Don't Like It!

Go 언어를 접한 일부 개발자는 자신의 블로그나 기사를 통해 '이건 뭐야. 뭔가 색다른 게 없잖아!', '로드맵에 대한 명확한 설명이 없어', '문법이 왜 이래' 등의 불평을 했다. 불평을 쏟아 낸 개발자는 이미 나온 개발 언어가 제공하는 기능 이상을 기대했으나 깜짝 놀랄 만한 무엇인가를 발견하지 못했고, 기대에 못 미친다고 생각했다. 또한, Go 언어를 상용으로 적용하려는 개발자에게 Go 언어의 로드맵이 정확히 제공되지 않아 답답함을 토로하기도 했다. 당시에는 로드맵을 명확히 제공하지 않았지만, 현재는 다음과 같이 일정한 개발 주기로 버전을 업데이트하고 있다.

> **NOTE** **릴리스 주기**(https://golang.org/doc/devel/release.html)
>
> 정식으로 1.0 버전 공개 후 버전 업데이트는 6개월 ~ 1년을 주기로 하고 있다.
>
> **go1.5** (released 2015/08/19) Minor revisions
> **go1.4** (released 2014/12/10) Minor revisions
> **go1.3** (released 2014/06/18) Minor revisions
> **go1.2** (released 2013/12/01) Minor revisions
> **go1.1** (released 2013/05/13) Minor revisions
> **go1** (released 2012/03/28) Minor revisions

시스템 개발 언어를 넘어

Go 언어가 처음 설계되던 때부터 정식 버전 공개 전인 2011년까지 공식적인 프레젠테이션에서 밝힌 Go 언어의 목표는 시스템 개발 분야였다. 그당시 Go 언어 개발넘이 프레젠테이션에서 밝힌 Go 언어를 적용할 수 있는 예상 분야는 다음과 같았다.

- 웹 서버
- 웹 브라우저
- 웹 로봇
- 검색엔진

- 컴파일러
- 프로그래밍 도구(디버깅 도구, 분석도구 등)
- IDE(통합 개발 환경)
- 운영체제

C와 비슷한 성능을 내면서 C/C++로 개발되어 온 분야를 대체할 수 있다는 설명이었다. 하지만 정식 버전 공개연도인 2012년이 다가오면서 나온 프레젠테이션 자료에서는 시스템 개발에 한정하지 않고 다양한 용도의 개발에 활용할 수 있다는 설명이 추가되었다. 실제로 공개 후 Go 언어를 1년간 사용해 보니 일반 개발 언어General Purpose Language로도 손색이 없다는 피드백이 많았다고 한다. 구글 앱 엔진에 사용되어 다른 앱 엔진 개발 지원 언어인 Python, Java와 어깨를 나란히 한 것을 보면 과장된 표현은 아니다. Go 언어를 만든 롭 파이크는 "내가 써 본 개발 언어 중에서 가장 생산성이 높다."라고 자신 있게 말하기도 했다.

▨ 구글 서비스와의 결합

구글 I/O 2011 행사에서 Go 언어와 관련한 깜짝 소식이 전해졌다. 바로 구글 앱 엔진에서 Go 언어를 지원한다는 것이었다. 이전까지 구글 앱 엔진은 Python, Java 이렇게 두 개 언어만을 지원하고 있었다. 당시에 과연 언제쯤 Go 언어가 상용화될 것인가, 구글이 언제쯤 Go 언어로 자신의 서비스를 활용할 수 있게 할 것인가에 대해 의견이 분분했다. 구글 I/O 2011 행사에서 한 발표는 이러한 의문에 대한 명확한 답변이었다. Go 언어가 세상에 나온 지 1년 반 만에 구글 서비스와 결합하게 된 사건이었다고 할 수 있다.

처음 타깃을 구글 앱 엔진으로 잡은 것은 다른 구글 서비스보다 안전성을 확보하기 위한 작업이 가능하기 때문으로 풀이된다. 안드로이드나 크롬 관련 제품에 바로 탑재하기에 Go 언어의 신뢰성이나 완성도가 확보되지 않은 상태였고, 특히

ARM을 지원하는 Go 언어의 버전이 당시에는 아직 진행 중이었기 때문이기도 했다.

이유가 어찌 되었든 구글 I/O 2011에서 보여 준 구글 서비스와의 연동 소식이 개발자에게 깊은 인상을 심어준 것은 확실했다. 구글 I/O 2011 이후 Go 언어 관련 문서가 눈에 띄게 늘어났다. 그 내용 역시 점점 정리되었으며 개발자의 참여도 가파른 상승세를 보였다. Go 언어를 이용한 프로젝트 등록수도 급증하는 추세를 보였다.

그림 5 구글 I/O 2011 로고[02]

공식적으로 Go 언어는 구글에서 만들었다. 하지만 필자가 Go 언어가 발표될 당시 Go 언어 홈페이지에 올라온 자료들을 번역해 보았을 때 구글에 대한 언급을 찾아보기 힘들었다. 문서에서도 최대한 구글에 대한 언급을 자제하는 분위기였다. 오히려 외부의 기사를 통하여 구글과 Go 언어의 관계에 대해서 알게 되었다. 외부 기사에서 구글과 Go 언어의 관계에 대해 설명하지 않았다면 그 관계를 파악하지 못할 정도였다. 개인적으로는 구글이 Go 언어의 개발 주체라기보다 개발 스폰서 같은 느낌을 받았다.

▨▨ 새로운 개발 언어의 필요성

구글은 왜 시스템 프로그래밍 언어를 만들었을까? 구글은 왜 이토록 새로운 개발 언어를 필요로 했을까?

---

02 출처: https://www.google.com/events/io/2011/

구글은 현재까지 4년 넘게 오라클과 특허 분쟁 중이다. Go 언어가 세상에 나온 시기와 비슷한 시점에 오라클과 Java 관련 소송이 시작되었다. 특히 구글을 가장 곤혹스럽게 만드는 부분은 안드로이드에 탑재된 Java다. 오라클은 썬을 인수하자마자 구글을 상대로 안드로이드에 탑재된 Java API에 대해 라이선스를 얻지 않고 무단으로 사용했다며 제소했는데, 오라클이 주장하는 피해 금액은 10~60억 달러 정도다. 해외 언론에서는 오라클이 소송에서 구글보다 조금 더 유리한 입장이라고 보고 있다.

소송이 시작되면서 구글은 개발 언어와 API에 대한 기술을 갖고 있지 않을 경우 자사의 서비스를 하루아침에 중단해야 할지도 모른다고 생각했을 것이다. 이러한 구글의 상황과 시대의 요구가 잘 맞아떨어져서 Go 언어에 대한 지원은 더욱 탄력을 받으리라 예상되었다.

그림 6 구글과 오라클의 특허 전쟁

vs

개발자와 Go 언어

타임머신을 타고 필자가 처음 회사생활을 시작한 2000년대 초로 돌아가 보자. 그

당시 MS는 그 누구도 대항할 수 없는 회사였다. MS의 윈도우는 운영체제 시장의 대부분을 차지했고 윈도우를 기반으로 한 개발이 대부분이었다. 당시 MS는 프로그래밍 언어 전문가를 모아 C#이라는 개발 언어를 시장에 내놓았다. 공식적으로 C#을 적극적으로 지원하겠다는 메시지도 함께 보냈다. 개발자라면 누구나 C# 관련 서적 1~2권쯤은 책장에 두었다. C#이 MS의 언어이기 때문이었다. 물론 예전 이야기이고 지금은 상황이 많이 변했다. MS의 힘이 전보다 많이 약해졌고 그에 따라 C#의 영향력도 많이 줄어들었다.

다시 오늘날로 돌아와서 필자의 하루를 살펴보자. 안드로이드 폰에서 울리는 알림으로 잠을 깨고, 지메일로 메일을 확인하고 행아웃^{Hangout}으로 친구들과 이야기를 나눈다. 구글 캘린더로 일정을 관리하고 구글 검색을 통해 개발 관련 자료를 얻기도 한다. 구글의 서비스 안에서 하루를 살아가고 있다고 해도 과언이 아니다. 그만큼 구글의 시장 지배력이 엄청나다. 이러한 구글이 새로운 언어를 만들어 발표했다. 이것은 바로 2011년에 Go 언어가 아직 완성되지 않았음에도 개발자에게 큰 영향력을 끼쳤던 이유다.

▨ 시대 요구

'내가 지금 이 세상을 살고 있는 것은 21세기가 간절히 나를 원했기 때문이야.'

– 조용필의 '킬리만자로의 표범' 중에서

시스템 개발 환경에 초점을 두고 이야기해 보자. 현재의 개발 환경은 C 언어가 처음 나온 40년 전과 많이 다르다. 따라서 현재의 개발 환경에 적합한 개발 언어가 필요하다. 과거와 달라진 현재 개발 환경의 특징을 요약하면 다음의 다섯 가지로 말할 수 있다.

1 개발 속도(하드웨어 개발 vs 소프트웨어 개발)
2 모듈화를 위한 의존성

3 동적 타입 언어의 속성을 가진 언어

4 가비지 컬렉션^{Garbage Collection}

5 병렬처리^{Parallelism}

이 다섯 가지 특징을 바탕으로 Go 언어에 대해 살펴보자.

먼저 하드웨어의 개발 속도와 소프트웨어의 개발 속도에 대해 이야기해 보자. 하드웨어에 조금이라도 관심이 있는 사람이라면 무어의 법칙^{Moore's law}에 대해 들어본 적이 있을 것이다. 하드웨어 관련 법칙 중에 가장 많이 인용되는 것이 바로 무어의 법칙이다. 무어의 법칙이란 마이크로 칩에 저장할 수 있는 데이터의 양이 매년 또는 적어도 18개월마다 두 배씩 증가한다는 법칙이다.

무어가 처음 이 법칙을 이야기한 것은 1965년 강연에서였다. 이후 하드웨어는 8비트부터 64비트까지, 싱글코어에서 듀얼코어를 지나 쿼드코어까지 다양하게 발전해 왔다. 하지만 정작 이 하드웨어의 성능을 제대로 발휘하게 하는 소프트웨어의 발전 속도는 더디기만 했다. 이를 개발 언어의 탓으로 돌리기에는 무리가 있겠지만 현재의 하드웨어를 지원할 수 있게 설계된 시스템 프로그래밍 언어가 필요하다는 것에는 충분히 공감할 것이다. 그런 면에서 Go 언어는 멀티코어 환경을 고려하여 설계했기 때문에 기존 개발 언어보다 현재의 하드웨어에 맞게 설계된 편에 속한다.

현대 개발 환경에 적합한 언어가 되려면 모듈화가 쉬워야 한다. 모듈화를 쉽게 하기 위해서는 의존성^{Dependency}과 컴파일 속도가 중요하다. 파일 수가 500개 이상인 규모의 C/C++로 개발하는 프로젝트에 참여한 경험이 있는 개발자라면 빌드 시간에 얽힌 추억들이 꽤 있을 것이다. 이런 경험들을 재미있게 표현한 '컴파일^{Compiling}'이라는 제목의 만화도 있다.

그림 7 컴파일(Compiling)[03]

C 언어에서 컴파일 시간이 많이 소요되는 이유는 실제 빌드에 필요하지 않은 파일까지 접근해서 읽기 때문이다. 이해를 돕기 위해 C/C++에서 기본 헤더파일을 포함하는 경우 컴파일할 때 얼마나 많은 파일에 접근하여 작업이 수행되는지에 대한 실험 결과를 소개한다. [표 1]은 2011년 당시 Go팀에서 발표한 자료로, 맥 OS X 10.5.8에서 gcc4.0.1을 이용하여 테스트한 결과다.

표 1 C/C++ 컴파일 시 의존성 테스트 결과

개발 언어	기본 헤더파일 (#include)	필요한 처리
C	stdio.h	9개 파일에서 360라인 읽기
C++	iostream	131개 파일에서 25,326라인 읽기
Objective C	Carbon/Carbon.h	689개 파일에서 124,730라인 읽기

C 언어의 컴파일에서 나타나는 의존성은 모듈화를 어렵게 하는 요소다. 또한, 단위 테스트와 같이 빠른 피드백을 얻어야 하는 경우 컴파일에 걸리는 시간이 길어져 피드백을 받는 주기도 함께 길어진다. 이는 모듈화를 어렵게 할 뿐 아니라 개발자의 단위 테스트를 힘들 게 만드는 환경요소라 할 수 있다.

03 출처: https://xkcd.com/303/

그렇다면 Go 언어에서는 어떻게 이 문제를 해결할까? [코드 1]을 보면 Hello World 소스에서 import "fmt"의 경우 fmt 모듈 1개만 참조한다.

[코드 1] Go 언어로 작성한 Hello World

```
package main
import "fmt"
func main() {
    fmt.Println("Hello, World")
}
```

Go의 의존성과 빌드에 대해 간략히 소개하면 다음과 같다.

- **의존성 가정** a.go → b.go → c.go(A → B : A는 B에 의존성을 가진다.)
- **빌드 순서** c.go, b.go, a.go(순서대로 빌드)
- **Go의 의존성** a.go를 빌드하는 경우 b.go만 참조한다

대표적인 동적 언어로는 Python과 JavaScript를 꼽을 수 있다. 동적 언어 속성은 개발코드가 간결해지고 개발자의 귀찮은 코딩작업을 최소화하여 개발자가 개발에 재미를 느낄 수 있게 한다. 하지만 동적 언어는 정적언어처럼 에러 발생을 사전에 검증하는 처리가 부족해서 해당 코드가 실제로 실행될 때 에러에 직면하게 되는 문제가 있다. 다시 말해, 안전성이 보장되지 않는다는 것이 단점이다.

Go 언어는 정적 타입 언어Statically Typed Language이지만 동적 타입 언어Daynamically Typed Language 속성을 지원하도록 설계되었다. 컴파일 시점에 컴파일러에 의해 지원되는 것이 특징이다. 정적 타입 언어의 특징인 타입의 안전성을 가지고 있으면서 코딩 시 동적 언어의 특징도 함께 가지고 있다.

C 개발자를 골치 아프게 하는 것 중에 포인터, 메모리 할당과 해제가 있다. Go 언어는 포인터에 관한 문제점을 제거하기 위해 포인터는 제공하되 포인터 연산은 제공하지 않는다. 메모리 할당과 해제에 대해 가비지 컬렉션Garbage Collection을 제공하는 경우 메모리 해제에 대해 개발자가 신경 쓰지 않아도 된다. 특히 동시성

Concurrency 관련 개발을 할 때 메모리 할당과 해제는 개발을 어렵게 하는 요소다. 동시성을 언어 차원에서 제대로 지원하기 위해서는 가비지 컬렉션이 반드시 필요하며 Go 언어는 이를 완벽하게 지원한다. 가비지 컬렉션은 Java도 지원하는 기능이다. 하지만 Java의 경우 VM Virtual Machine에서 가비지 컬렉션을 제공하는 것과 달리 Go 언어는 빌드되어 나온 결과 실행파일에서 이를 지원한다는 것이 다르다.

최근 안드로이드 기기의 트렌드는 멀티코어다. 물론 앞으로 네 개 이상의 코어를 갖는 기기가 기본 스펙으로 자리 잡을 것으로 예상한다. C/C++는 멀티코어를 고려하여 설계된 개발 언어가 아니다. 40년 전에 멀티코어를 미리 고려해서 언어를 설계할 수는 없었을 것이니 말이다. 그러므로 C/C++로 병렬처리가 가능한 프로그램을 작성하는 데에는 많은 노력이 든다. 멀티코어 환경에서 개발할 경우 단순히 하드웨어의 병렬처리뿐 아니라 소프트웨어 레벨에서 동시성도 함께 고려해야 한다. Go 언어는 설계 단계에서 멀티코어를 지원하는 개념을 도입했다. 그 결과 멀티코어 환경에서 안전하고 쉽게 개발하는 방법을 제공하고 있다.

▨ Go 언어의 뿌리를 찾아서

Go 언어는 공식적으로 C 계열 언어다. B 언어와 C 언어를 만들었던 켄 톰슨이 Go 언어를 만들었으니 어찌 보면 당연하다. 게다가 현재 가장 널리 사용되는 언어가 C 언어이므로 이를 완전히 뒤집고 새로운 형태의 언어를 만드는 것은 어렵기도 하고 효용도 적을 것이다.

Go 언어를 만든 멤버들은 Go 언어를 구상할 때 C 언어를 기반으로 현존하는 개발 언어의 장점을 의미 있게 접목하고 싶어 했다. 일부 문법은 파스칼 Pascal에서 빌려 왔으며 Go 언어의 중요 특징인 동시성은 Newsqueak의 영향을 받았다. Newsqueak은 Go 언어를 만든 멤버 중에 한 사람인 롭 파이크의 작품으로, C 와 CSP의 영향을 받았다. Newsqueak은 롭 파이크가 C 언어 문법에서 동시성을 지원하는 언어를 만들려고 오랫동안 연구한 결과이기도 하다.

그림 8 Go 팀원의 기술 전문분야

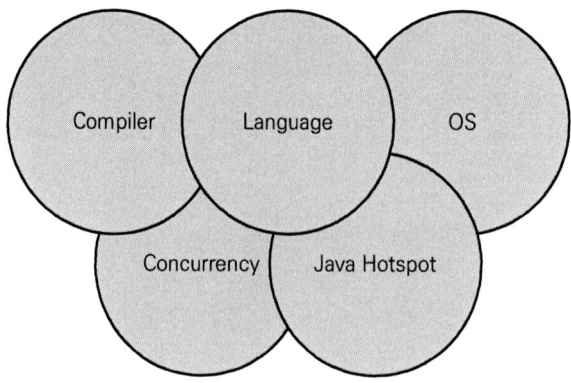

그림 9 Go 언어에 영향을 준 언어들

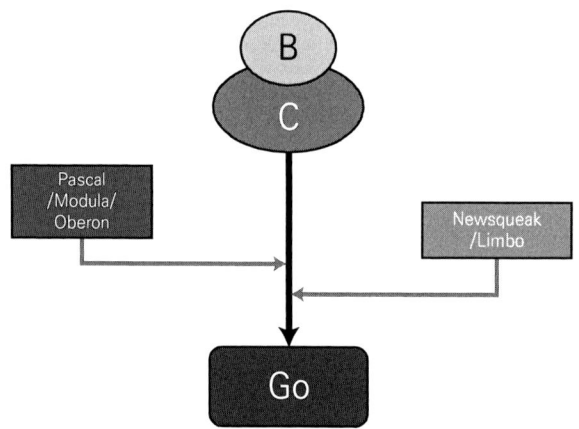

지금까지 Go 언어가 정식으로 공개되기까지(2012년) 있었던 일을 정리해 보았다.
Go 언어에 대한 글을 읽고 이해하는 데 필요한 배경지식이 갖춰졌다. 이제 다음
으로 넘어가 보자.

구글이 Go 언어를 만든 이유

인간의 역사를 도구 발명의 역사라고 한다. 어쩌면 인간은 무엇인가를 만들어 내고자 하는 욕구를 타고났을지도 모른다. 그렇다면 구글은 어떤 이유로 Go 언어를 만들었을까? 김학생, 이경험, 신제용의 대화를 들어 보자.

이경험 얼마 전까지만 해도 구글 내부에서 Python을 많이 사용한다는 기사를 읽은 적이 있었는데요. 지금은 그만두었지만, Python을 만든 귀도 반 로썸 Guido Van Rossum도 구글에서 일했던 것으로 알고 있습니다. 현재도 다양한 언어들이 있는데 왜 새로운 언어를 만들었는지 궁금합니다.

김학생 안드로이드 앱 개발을 Java로 공부하고 있는데, 이것도 Go 언어로 대체되는 것은 아닌지 궁금합니다.

신제용 사실 개발 언어를 만드는 데는 많은 돈과 시간이 들어갑니다. 미래에 대한 비전이 없이는 투자가 불가능한 일이죠. Go 언어를 개발하기로 결정한 당시에 구글이 안고 있던 문제점과 향후 펼쳐질 상황을 통해 구글이 Go 언어를 만든 이유를 짚어보기로 하겠습니다.

김학생 Go 언어를 오픈소스로만 알고 있었는데, 구글의 지원이 있어서 가능한 프로젝트였군요.

신제용 네. 맞습니다. 오픈소스로 진행되기는 하지만 기업의 방향과 맞지 않다면 지원하기 어려운 일들입니다. 간단한 질문을 하나 내 볼까요? 구글의 대표적인 서비스는 무엇일까요?

김학생 당연히 검색 서비스죠.

이경험 제가 개발하고 있는 안드로이드도 구글의 대표적인 서비스죠. 그리고 광고, 지메일, 클라우드 서비스 등이 있고요.

신제용 잘 알고 계시네요. 구글에서 제공하는 서비스는 대부분 서버 기반으로 규모가 상당히 큽니다. C나 C++로 작성된 코드의 경우 코드를 수정하고 빌드하려면 수 시간에 걸쳐, 어떤 때에는 10시간이 넘게 전체 빌드하는 경우도 있다고 합니다. 이렇게 시간 차이 나는 것은 C/C++ 언어의 특성인 의존성 때문이기도 합니다.

이경험 저도 비슷한 경험이 있습니다. 몇 년 전에 리눅스 커널 소스를 직접 다운로드하여 빌드하는 데 3시간 정도 걸리더군요.

신제용 웹 기반으로 서비스를 제공하는 기업 입장에서는 시간이 생명입니다. 버그를 발견하면 버그의 원인을 찾고 버그를 수정하여 테스트를 거쳐 소스를 반영하게 됩니다. 버그를 수정하는 과정에서 몇 번의 빌드만으로도 하루가 지난다면 회사로서 엄청난 손해가 되겠지요. 그래서 구글 내부에서도 빌드속도 개선은 상당히 중요한 이슈였다고 합니다. 빌드의 속도가 대응의 속도, 나아가서는 서비스의 신뢰성과 직결될 수 있으니까요.

김학생 아직 간단한 C 프로그램만 작성하다 보니 빌드 속도가 중요하다는 생각을 미처 못했습니다.

신제용 저는 스마트폰이 나오기 전인 2000년 초반에 피처폰을 개발했습니다. 현재 안드로이드 코드에 비하면 코드 양이 많지 않았지만 빌드가 시작되면 20명이 넘는 개발자가 모두 일손을 놓고 휴게실에서 차를 마시거나 탁구장에서 2~3시간 동안 탁구를 쳤던 기억이 있습니다. 회사 차원에서 생각하면 엄청난 낭비였겠죠?

이경험 저도 빌드 때문에 대기하는 시간이 많아서 자주 야근을 했습니다.

신제용 롭 파이크는 구글에서도 상당히 다양한 시도를 했지만, 개선만으로 언어 자체가 가지고 있는 한계를 벗어나기 어렵다고 말하였습니다. 의존성에 대한 근본적인 해결 없이 이 문제는 해결되지 않는다는 점을 강조했습니다.

김학생 빌드 시간 때문에 언어 자체를 새로 만든다? 재미있네요.

신제용 실리콘 밸리에서는 개발자의 몸값이 비싸서 대기 시간의 낭비를 줄이거나 시간을 절약하는 방법이 있다면 적극적으로 시도하는 편입니다. 이런 맥락에서 실리콘 밸리 기업의 경우 특히 도구 개발에 적극적입니다. 개발 과정에서 시간이 낭비되는 부분을 도구나 시스템을 개발함으로써 막으려는 것이죠. 하지만 개발 속도를 위한 도구들도 동일한 개발 환경에서는 더는 속도 향상을 보기 어렵게 되었습니다. 한마디로 표현하면 '마른 수건 쥐어짜기' 상태까지 온 것입니다. 결국, 이제 도구 개발로는 한계에 다다랐으니 새로운 언어로 이 문제를 해결해 보자는 합의가 있었던 것으로 보입니다.

김학생 단순히 개발 언어가 하나 생겨난 것이라고 생각했는데, 이야기를 들을수록 Go 언어가 개발자를 위한 언어라는 생각이 듭니다.

신제용 롭 파이크가 구글이 새로운 언어를 필요한 이유로 강조한 것은 CPU의 속도의 한계입니다. '무어의 법칙'이라고 들어보셨을 거예요.

이경험 18개월마다 2배씩 속도가 향상된다는 법칙 말이죠?

신제용 맞습니다. 사실 지금은 물리적인 한계로 더는 무어의 법칙이 실현되기 어렵다고 합니다. 클록 속도의 한계, 발열, 제조 단가 상승 등의 문제로 한계에 봉착해 있는 상황인데요. 현재는 코어의 속도를 높이는 방법보다 2개 이상의 코어를 이용하여 병렬로 처리하여 속도를 높이는 방법이 대세로 자리 잡고 있습니다. 그러나 CPU의 개선만으로는 현재 개발 속도와 성능을 개선하기는 어렵습니다. 여기서 이야기하는 개발 속도나 성능에 대한 이슈는 작은 앱이나 서비스를 개발하는 회사보다는 대규모 서비스를 제공하는 회사 관점에서 이해하면 쉬울 듯합니다.

이경험 앱을 주로 개발하는 일만 해서 그런지 구글의 서비스 규모라는 것이 잘 상상이 되지 않습니다. 물론 전 세계에서 구글의 서비스를 사용하고 있으니 대응이나 성능에 대한 이슈가 항상 고민일 것이라는 생각은 듭니다.

신제용 사실 성능 측면이 가장 중요하지 않을까 생각합니다. 하드웨어적으로 멀티코어 환경을 제공하지만, 멀티코어 환경을 제대로 활용하기란 쉽지 않습니다.

김학생 코어의 수가 늘어나지만 4개나 8개나 성능 향상을 체감하기는 어려운 것 같습니다.

신제용 물리적으로 환경은 구성되었지만 여러 개의 코어를 사용하여 프로그램을 스케줄링하는 것은 별개의 문제입니다. 동시성을 지원하도록 프로그램을 작성해야 하는데, 동시성을 지원하면서 버그가 발생하지 않게 작성하는 것이 어렵기 때문입니다.

김학생 개발하면서 가장 큰 어려움은 어떤 건가요?

신제용 개발자 입장에서 생각해 보면 문제가 발생하는 경우 그 문제를 찾아내는 것이 가장 어렵습니다. 문제를 찾는다고 해도 어떻게 수정해야 할지, 수정 후 문제가 발생하지 않으려면 어떻게 해야 할지 방법을 찾는 것이 어렵기 때문입니다.

이경험 디버깅하기도 어렵지만 재현하기도 어려워서 이 또한 개발자를 힘들게 하는 문제라고 생각합니다.

신제용 최근에 C++와 Java 버전이 업그레이드되면서 가장 두드러진 변화를 보인 부분은 역시 동시성 지원에 관한 부분입니다. 처음 언어가 만들어질 때는 동시성을 고려하고 만들지 않았습니다. 하지만 시간이 지나면서 동시성에 관한 부분이 점차 중요하게 되었습니다. 이런 경우 동시성 기능을 지원하는 새로운 라이브러리를 추가하는 방식을 사용합니다. 때로는 기존 문법에 추가하거나 변경해야 하는 경우도 생기고요. 그러나 Go 언어 개발팀은 기본 언어에 라이브러리 차원에서 동시성을 지원하는 경우 한계가 있다고 말합니다. 근본적인 해결이 없다면 잘못된 방향으로 빠지기 쉽다는 뜻이죠.

이경험 구글 입장에서는 새로운 언어를 만들면서 기존 언어가 가진 동시성의 한계를 벗어나는 기회로 삼은 것일 수도 있겠네요.

신제용 맞습니다. 동시성은 새로운 언어를 사용하는 데 중요한 요소니까요. 정리해 보면 세 가지 상황이 맞아떨어진 것입니다. 첫째로, 개발이나 서비스의 속도 관점에서 코드의 빌드 시간이 오래 걸린다는 점과 개발을 돕는 도구들도 함께 느려진다는 점 등의 문제가 발생하고 있다는 것입니다. 둘째로, 구글은 이런 문제를 해결하기 위해 상당히 많은 노력을 기울였지만 의존성 문제를 원점에서 돌아보고 해결하지 않는다면 더는 개선되지 않을 것을 알게 되었죠. 마지막으로, CPU의 속도 개선에도 한계가 왔고 멀티코어 환경에서 성능 개선을 위해서는 기존의 방식이 아닌 새로운 출발이 필요하다는 공감대를 얻게 되었습니다. 이를 바탕으로 Go 프로젝트가 시작되었다고 할 수 있습니다.

Go 언어를 만든 사람들

소프트웨어 개발과 같은 지식 노동의 경우 팀원 수 같은 규모는 중요한 요소가 아니다. 소규모더라도 팀 구성원 개개인이 가진 역량이 더 중요하다. Go 언어 개발 팀은 동시대 최고 실력과 경험을 가진 개발자로 구성되어 있었고, 거기에 벨 연구소부터 함께 프로젝트를 진행하면서 다져진 팀워크까지 갖추고 있었다.

—

이경험 Go 언어를 만든 사람들이 대단하다고 들었습니다.

신제용 네, 맞습니다. 이해를 돕기 위해 잠시 농구 이야기를 해 볼까요? NBA. com에서는 기념행사로 역대 NBA 최고의 10팀을 뽑았습니다. 매해 각 팀이 달성한 기록을 기준으로 최고의 팀을 선정하는 것입니다. 어떤 해의 어떤 팀이 최고의 팀에 뽑혔는지를 간략히 설명하고 그해에 거둔 승률을 표기하였습니다. 시카고 불스는 역대 최고의 10팀에 두 번이나 이름을 올렸는데, 조던이 은퇴하기 전(1991~1992)과 조던이 몇 년 뒤 복귀하고 나서 (1995~1996)입니다. 공통점은 두 번 모두 마이클 조던과 단짝 동료들 그리고 감독 필 잭슨이 함께했을 때의 팀이라 것이죠. 이 이야기를 꺼낸 이유는 Go 언어를 개발한 팀과 NBA의 드림팀인 시카고 불스가 비슷한 점이 있기 때문입니다.

그림 10 NBA 챔피언(왼쪽 1990-91, 오른쪽 1995-96)[01]

김학생 그렇게 이야기하시니 더 궁금해지는데요?

신제용 처음 2007년 9월에 Go 언어의 밑그림을 그리는 작업에는 켄 톰슨[Ken Thompson], 롭 파이크[Rob Pike], 로버트 그리스머[Robert Griesemer]가 참여하였습니다. 이후 1년 사이에 이안 테일러[Ian Taylor], 러스 콕스[Russ Cox], 아담 랭글리[Adam Langley], 지니 김[Jini Kim] 이렇게 4명이 추가되었습니다.

그림 11 Google I/O 2012 – 최초 Go 프로젝트 시작 멤버(왼쪽부터 로버트 그리스머, 롭 파이크, 켄 톰슨)[02]

이경험 초기 3명에서 이후 4명이 추가되어 총 7명이 개발하였군요. 켄 톰슨과 롭 파이크 이름은 들어본 것 같아요.

신제용 Go 언어의 근본은 벨 연구소[Bell Laboratories]에서 시작되었다고 할 수 있습니다. 벨 연구소는 벨 시스템[Bell System] 회사의 연구 개발을 책임지는 연구소입

---

01 출처: http://www.nba.com/playoffs2004/challenge_bulls1991.html(왼쪽), http://www.nba.com/playoffs2004/challenge_bulls1996.html(오른쪽)

02 출처: Google I/O 2012 – Meet the Go Team, https://www.youtube.com/watch?v=sln-gJaURzk

니다. 지금은 조금 잊혀 가고 있지만 1990년대까지만 해도 벨 연구소는 IT 업계에서 두드러진 업적을 냈습니다.

이경험 벨 연구소와 Go 언어는 어떤 관계가 있나요?

신제용 앞에서 언급한 Go 언어 초기 멤버 중 켄 톰슨, 롭 파이크, 러스 콕스 이렇게 3명은 벨 연구소에서 이미 손발을 맞췄던 경험이 있습니다. 이들은 벨 연구소가 내놓은 운영체제인 Plan 9을 함께 개발했습니다. Plan 9은 유닉스의 뒤를 잇는 분산운영체제를 표방하며 1980년대부터 개발되었습니다. 또 다른 멤버인 로버트 그리스머는 2005년에 구글 직원으로 롭 파이크와 공동으로 논문을 집필한 인연이 있습니다. 참고로 C++를 만든 비야네 스트롭스트룹Bjarne Stroustrup도 벨 연구소 출신이며 Go 언어 개발팀과도 연락을 주고받는 것으로 알려졌습니다. 그럼 이제 Go 언어 개발팀원 한 사람씩 어떤 일을 했고 어떤 업적을 남겼는지 알아볼까요? Go 언어 개발팀원 개개인이 어떤 기술적 배경을 가졌는지 아는 것도 Go 언어를 깊이 이해하는 데 도움이 되리라 생각합니다. 먼저 소개할 사람은 켄 톰슨입니다.

그림 12 켄 톰슨(왼쪽)과 데니스 리치(오른쪽)[03]

신제용 Go 언어가 처음 발표되었을 때 C 언어를 개발한 켄 톰슨이 다시 돌아왔다는 것으로도 화제가 되었습니다. 켄 톰슨이 C 언어를 1972년에 만들었으니 40년 만에 새롭게 프로그래밍 언어를 만든 것입니다. 그는 유닉스의 아

---

03 출처: https://commons.wikimedia.org/wiki/File:Ken_n_dennis.jpg, Public domain

버지로 유명합니다. 유닉스를 만든 공로로 소프트웨어 분야의 노벨상이라 할 수 있는 튜링상Turing Award을 수상하기도 했습니다. 또한, 유닉스 초기 버전까지는 혼자 개발했을 정도로 뛰어난 실력을 갖추고 있습니다. 그는 유닉스에 필요한 개발 언어를 구상하면서 B 언어(1969)를 만들었고, 이후 데니스 리치와 B 언어를 개선하여 C 언어(1972)를 만들었습니다. 켄 톰슨과 데니스 리치는 함께 벨 연구소를 다니면서 C 언어 개발과 다양한 연구에 서로 의견을 주고받았다고 합니다. C 언어가 처음 나왔을 때는 'New B'라는 이름을 사용했는데, 이를 통해 B 언어와 C 언어의 관계를 유추해 볼 수 있습니다. 켄 톰슨은 현재 73세로, 고령임에도 얼마 전부터 마운틴 뷰 Go 언어 개발팀 사무실에서 자문 역할을 하고 있다고 합니다.

김학생 아, C 언어를 만든 분이군요.

이경험 C 언어의 창시자가 다시 프로그래밍 언어를 만들었다고 하니 처음에 시카고 불스에 비유한 이유가 이제 이해됩니다. 나이 들어서도 개발자로 계속 일할 수 있는 곳이라는 것도 무척 부럽네요.

신제용 다음은 롭 파이크를 소개하겠습니다. 롭 파이크는 국내에도 소개된 『프로그래밍 수련법』(2008, 인사이트)[04]의 저자로 잘 알려져 있습니다. 현재 널리 사용하고 있는 UTF-8을 개발했습니다. 이외에 Plan 9 분산 운영체제 핵심 개발자이기도 합니다. 프로그래밍 언어와 관련해서는 동시성을 지원하는 개발 언어인 Newsqeak을 개발한 경력이 있습니다. 켄 톰슨이 떠난 현재, Go 언어 개발팀을 이끄는 정신적인 지주라 할 수 있습니다. 롭 파이크는 20대부터 동시성과 관련된 여러 언어를 만들고 실험을 했습니다. Go 언어의 동시성 부분과 관련된 연구를 대학에서부터 지금까지 30년 동안 꾸준히 진행하였으니 동시성에 대한 30년 연구의 산물이 Go 언어라고 보시면 됩니다.

---

04 원서 『The Practice of Programming』(1999, Addison-Wesley)

이경험 사실 Java로 프로젝트를 할 때 가장 버그가 많이 나는 부분이 동시성과 관련된 부분이었습니다. 이 부분에 대해 30년 동안이나 연구를 진행했다고 하니 참 대단하네요. 게다가 그 연구의 산물이 Go 언어라니 Go 언어에 대해서도 더욱 관심이 가는군요.

신제용 다음으로 로버트 그리스머는 썬Sun Microsystems에서 Java 핫스팟 컴파일러HotSpot Compiler 개발과 크롬 브라우저에서 JavaScript 엔진 개발에 참여했습니다. 로버트 그리스머와는 Go 언어 관련 컨퍼런스 참석했을 때 인사를 나눈 적이 있는데 조용한 성격에 상당히 큰 키가 인상적이었습니다.

이경험 저도 Java 개발을 하고 있어서 그런지 Java 핫스팟 컴파일러를 만들었던 사람이라고 하니 왠지 가깝게 느껴지네요.

김학생 개발자에 관해 이야기를 들으니 개발 언어가 더 친숙하게 느껴지는 것도 같아요.

신제용 네, 맞습니다. 말씀하신 것처럼 개발자에 대해서 아는 것이 개발 언어를 이해하는 데 긍정적인 효과를 가져다주기도 합니다. 그럼 마지막으로 나이가 가장 어린 러스 콕스에 대해 이야기해 볼까요? 러스 콕스는 어릴 적부터 프로그래밍에 남다른 끼를 가진 신동이었다고 하네요. 그는 이미 대학 진학 전에 세계 최고 수준의 프로그래머로 인정받았습니다. USACOUSA Computing Olympiad 및 IOIInternational Olympiad in Informatics에 미국 대표로 출전한 이력도 있고요. 1997년 어느 인터뷰 글에서는 러스 콕스를 '컴퓨터 프로그래머로서 수년 동안 세계 최고의 수준이다'라고 소개하더군요. 지금까지 작성한 논문 주제를 보면 운영체제, 컴파일러, 알고리즘 등입니다. 이것으로 미루어 보면 러스 콕스는 컴퓨터공학의 다양한 분야에 관심이 많았던 것으로 보입니다. 20대 초반의 어린 나이에 벨 연구소에서 켄 톰슨, 롭 파이크와 같은 거물 개발자와 함께 개발했다고 하니 정말 복 받은 친구라는 생각도 듭니다.

그림 13 2015 GopherCon 키노트를 맡은 러스 콕스

김학생 지금 저와 비슷한 나이였네요. 저도 이제부터 더 열심히 해야겠어요.

Go 언어 개발팀 사무실을 가다

Go 언어 개발팀이 일하는 사무실은 아직 알려진 적이 없다. GopherCon 2014 에서 만난 인연으로 그들이 일하는 사무실을 찾았다. Go 언어 개발팀이 일하는 사무실과 일하는 방식을 엿보는 기회!

—

신제용 실리콘 밸리는 소프트웨어 개발자를 포함해서 IT 관련 업종에 종사하는 사람이라면 꼭 한 번쯤 가 보고 싶어하는 곳이죠. 많은 기업이 그들의 일하는 방식이나 업무 환경에 대해서 궁금해합니다.

이경험 일단 실리콘 밸리는 국내와 비교하면 개발자 급여나 대우가 좋다는 이야기를 많이 들었습니다. 개발자의 천국이라는 이야기도 있고요.

김학생 방송에서 실리콘밸리에 대한 내용을 접한 적이 있는데, 저도 열심히 해서 꼭 실리콘밸리에 가 보고 싶습니다.

신제용 그래서 이번에는 실리콘 밸리에서 Go 언어 개발팀이 어떤 환경에서 개발하는지에 대해 이야기하려고 합니다.

이경험 Go 언어 개발팀 사무실을 직접 방문하셨던 건가요?

신제용 GopherCon 2014에 참석한 인연으로 마운틴 뷰에 있는 Go 언어 개발팀의 사무실에 방문했습니다. 운이 좋게 사진 촬영도 허락을 받았어요. 자, 그럼 함께 사진을 보면서 이야기를 나눠 볼까요?

김학생 Go 언어 개발팀의 사무실이라면 무언가 대단한 것이 있을 것 같은데요. 무척 기대됩니다.

신제용 Go 언어 개발팀을 만나기 위해서 CL2 빌딩으로 향했습니다. 이 빌딩은 구글의 중심인 플렉스와는 조금 떨어져 있어서 돌아다니는 사람이 거의 없고 아주 조용하더군요.

그림 14 Go 언어 개발팀이 일하는 CL2 빌딩

신제용 Go 언어 개발팀의 프란체스크 캄포이와 함께 건물 안으로 들어갔습니다. 들어서자마자 앞쪽 벽에 큰 구글 로고가 보이더군요. 가까이서 보니 0과 1을 이용해 로고를 만들었습니다. 다른 건물에서는 다양한 색상을 사용하거나 그림도 그려져 있지만 여기는 단순하게 표현했습니다. 개인적으로는 엄숙함마저 느껴졌어요.

그림 15 CL2 빌딩 입구의 구글 로고

신제용 Go 언어 개발팀이 사용하는 사무실은 2층에 있었습니다. 프란체스크 캄포이가 Go 언어 개발팀을 불러 모았고 팀원들에게 저를 소개해 줬습니다. 저는 Go 언어 개발팀원에게 사무실을 방문한 이유를 설명하고 인터뷰를 요청했습니다. 2010년부터 해외 컨퍼런스에서 롭 파이크나 다른 Go 언어 개발팀원을 몇 번 본 적이 있는데 사교적인 성격은 아니었습니다. 그래서 함께 사진 찍자는 말이 쉽게 떨어지지 않았습니다. 다행히 프란체스크 캄포이가 잘 이야기해 주어서 사진 촬영이 가능했습니다.

그림 16 Go 언어 개발팀과 함께(왼쪽부터 프란체스크 캄포이, 로버트 그리스머, 신제용, 브래드 피츠패트릭, 롭 파이크)

김학생 사무실에서 반바지를 입고 있네요.

신제용 우리나라처럼 출근 복장에 대한 규정이 없어서 가능하죠. 모두가 편하게 입고 출퇴근합니다. 특히 개발사는 너 자유롭다고 합니다.

이경험 아, 그렇군요. 부러운 면입니다.

신제용 2층 엘리베이터를 내리면 복도가 있고 복도 끝에 사무실로 연결하는 유리문이 있었습니다. 이 유리문을 들어서자마자 오른쪽에 있는 방이 로버트 그리스머의 방입니다. 다른 동료와 방을 함께 사용하고 있었습니다. 뭔가 특별한 것이 없나 두리번거렸는데 정말 책상 위에 모니터와 키보드를 제외하면 아무것도 없더군요. 편한 복장 그리고 햇볕이 잘 드는 창가 자리, 이것이 전부로 보였습니다.

김학생 창가 쪽 통유리를 제외하고는 동아리 방이랑 비슷하게 생겼어요.

그림 17 로버트 그리스머의 방

신제용 그렇죠, 정말 특별한 게 없었습니다. 그럼 Go 언어 개발팀의 회의에 사용하는 보드는 어떤 모습일까요? 개발과 관련된 내용이 있어서 조심스럽게 사진 촬영을 물어봤는데 다행히 허락을 받았습니다. 재미있는 낙서들이 눈에 먼저 들어오더군요.

그림 18 Go 언어 개발팀이 사용하는 보드

신제용 그리고 바로 옆 방이 롭 파이크의 방입니다. 가장 좁은 방으로 2개 책상이 겨우 들어갈 수 있고 뒤는 아예 소파를 놓아서 방이 더 답답하게 느껴졌어요. 책장에는 책이 몇 권 있어서 살펴보니 지금까지 자신이 쓴 책들을 책장에 가지런히 꽂아 두었더군요.

신제용 롭 파이크의 옆방은 이안 테일러와 동료 3명이 함께 사용하는 방이라고 표시되어 있었습니다. 프란체스크 캄포이가 자신이 사용하는 안쪽 창가 자리로 안내해 주었습니다. 브래드 피츠패트릭Brad Fitzpatrick은 샌프란시스코 구글 사무실에서 근무하고 가끔 마운틴 뷰로 오는 경우 빈자리에서 작업한다고 합니다. 이 방도 스탠딩 책상 2개와 일반 책상 2개만 있었어요.

그림 19 **롭 파이크의 방**

그림 20 **브래드 피츠패트릭**(회의가 있어 잠시 들렀다고 했다.)

신제용 Go 언어 개발팀 초기 멤버 중에 빠진 사람이 있는데, 혹시 누군지 기억나시나요?

이경험 유닉스와 C 언어를 만든 켄 톰슨이죠?

김학생 켄 톰슨은 어디서 일하고 있나요?

신제용 저도 방문했을 때 켄 톰슨을 꼭 만나고 싶어서 물어봤더니 지금은 풀타임으로 일하지 않고 가끔 사무실에 나와서 주로 롭 파이크와 이야기를 나눈 다고 하네요. 그를 만나지 못해서 무척 아쉬웠습니다.

이경험 Go 언어 개발팀의 사무실이라고 해서 뭔가 특별한 것이 많이 있을 줄 알 았는데 의외네요. 제가 근무하고 있는 사무실과 별 차이는 없는 것 같아요.

김학생 저도 실리콘 밸리에 있는 구글 사무실이라 특별한 게 있을 것으로 생각했 는데 예상과 다르네요. 실리콘 밸리의 다른 사무실도 비슷한 형태인가요?

신제용 사실 저도 조금 놀랐습니다. 샌프란시스코에 있는 Github 사무실을 방문 한 적이 있는데, 그곳은 화려하고 창의력이 샘솟아날 것만 같은 느낌이 드 는 사무실 인테리어로 되어 있었어요. 누가 Github CEO가 디자이너 출 신이라고 귀띔해 주더 군요. 이처럼 사무실은 구성원들과 그 사람들이 만 드는 서비스나 제품을 잘 대변해 주는 것 같습니다. 구글의 경우 건물마다 인테리어가 조금씩 다릅니다. 한 회사 내에서도 팀에 따라 자신들이 원하 는 인테리어를 적용할 수 있다는 것이 부러웠습니다. 사무실을 보면서 Go 언어처럼 단순하고 필요한 것들만 있으며 화려하지 않은 것이 그들의 생활 과 정확히 일치한다는 생각이 들었습니다.

왜 Go 언어를 배워야 하나요

새로운 개발 언어를 배우는 목적은 개인마다 다를 수 있다. 하지만 공통적인 이유를 들어보면 특정 도메인의 문제를 쉽게 해결하기 위해서, 생산성이나 성능을 향상하기 위해서, 풍부한 라이브러리를 사용하기 위해서 등이 있다. 결국, 현재 우리가 겪고 있는 문제를 개선하거나 더 쉽게 해결해 줄지 모른다는 기대 때문이 아닐까. 이번에는 Go 언어를 배우면 좋은 이유에 대해서 알아보자.

이경험 최근에는 정말 다양한 기술이 쏟아져 나오는 것 같아요. 그만큼 배우고 알아야 하는 것들이 너무 많아서 스트레스를 받는 경우도 많습니다. 어떤 기술이 새로 나왔을 때 단순히 새로운 기술이니까 배워야 한다는 이유라면 평생 공부해도 다 못 배울 것 같아요. 그러니 새로운 기술을 익혀야 한다면 좀 더 구체적인 이유가 있었으면 좋겠습니다.

김학생 맞아요. 다양한 언어나 개념들이 많은데 무엇인가 설득력 있게 '이래서 Go 언어를 배워야 해!'라는 것이 있으면 좋겠어요.

신제용 현재는 웹, 애플리케이션, 시스템, 펌웨어 등과 같이 각 분야에 따라서 필요한 지식이나 기술이 다릅니다. 프로그래밍 언어도 각 분야에 맞게 다양한 언어를 채택하여 사용하고 있죠. 웹이나 애플리케이션에서는 C 언어를 사용하지 않는 것을 예로 들 수 있겠네요. 따라서 모든 분야에 최적화된 개발 언어를 찾는 것은 불가능하다고 생각합니다. 따라서 제 주관적인 생각을 먼저 이야기한 뒤 다양한 개발자들의 생각을 종합하여 이야기해 보겠습니다.

김학생 IT 분야에서 오래 일하셨으니 선배 입장에서 이야기해 주셔도 좋습니다.

신제용 제가 Go 언어를 왜 배워야 하는지에 대한 질문을 들을 때마다 가장 먼저 꼽는 이유는 '그들'이 만든 언어이기 때문이라는 점입니다. 앞에서 Go 언어를 만든 사람들에 대해서 언급을 했습니다. 조금은 감성적인 이유지만 가장 확실한 이유기도 합니다. 물건을 구매할 때를 생각해 볼까요? 여러 물건 중에서 이 물건을 사야겠다고 결정하는 이유에는 여러 가지가 있을 것입니다. 물건의 제조사나 브랜드를 고려하는 것은 강력한 구매 동기 중 하나입니다. 프로그래밍 언어는 개발자가 선택해서 사용해야 하는 제품으로 볼 수 있습니다. 프로그래밍 언어를 만든 이들을 고려하는 것은 물건의 제조사나 브랜드를 고려하는 것과 같은 것이죠. 그래서 Go 언어를 만든 이들이 Go 언어를 배워야 하는 가장 큰 이유가 된 것입니다. 평생을 운영체제와 프로그래밍을 위해 살아왔던 장인이 만든 언어라는 점에서 믿고 사용해 봐도 밑질 것이 없으니까요. 이들보다 컴퓨팅 환경의 과거와 현재 경험을 토대로 미래의 변화를 가장 잘 예측할 사람들이 있을까 하는 생각이 듭니다. 여러분이 C나 Java 개발자라면 Go 언어와 비교해 보면서 그 변화를 돌이켜볼 수 있을 거예요. 앞으로의 프로그래밍 언어뿐만 아니라 개발 환경에서 필요한 것들을 살펴보는 것만으로도 개발 안목이 생기지 않을까요?

이경험 제가 기존에 사용한 언어와 Go 언어를 비교하면서 어떤 특징이 있나 관찰해야겠네요.

신제용 어쩌면 Go 언어에서 기존 언어와 전혀 다른 특징, 아주 새로운 특징을 찾기는 어려울 수 있습니다. C 언어 이후로 이미 수많은 연구와 개발 언어가 저마다 특정 문제를 해결하기 위해서 나왔으니까요. Go 언어를 익힐 때는 수많은 특징 중에서 어떤 것을 선택했는지 그 이유가 무엇인지를 알아가는 것을 중심으로 익히는 것이 좋습니다.

김학생 저는 C와 비교하면서 익혀야겠어요.

신제용 제 주관적인 생각을 먼저 이야기했는데요. 이제 다른 개발자들도 언급하는, Go 언어를 배우면 좋은 이유에 관해 이야기해 보겠습니다. Go 언어를 만든 개발자와 Go 언어를 사용하는 개발자들 사이에서 회자하는 이유인데요. 우선 Go 언어가 새로운 시스템 프로그래밍 언어라는 점입니다.

김학생 시스템 프로그래밍 언어요? 사실 C가 시스템 프로그래밍 언어라는 것을 들어본 적이 있지만, 왜 '시스템'이라는 수식어가 붙는지는 정확히 모르고 있습니다.

신제용 시스템 프로그래밍 언어를 이해하기 위해서는 애플리케이션 프로그래밍 언어에 대해 먼저 이해해야 합니다.

이경험 시스템과 애플리케이션 관점에서 생각해 보면 이해가 쉽겠네요.

신제용 그렇죠. 애플리케이션은 사용자에게 제공하는 서비스입니다. 여기에 반해 시스템은 하드웨어나 운영체제에 제공하는 서비스입니다. 서로가 반드시 한쪽만 선택해야 하는 것은 아니지만 대체적인 쓰임새를 보면 판단이 됩니다. 현재 우리가 접할 수 있고 사용해 볼 수 있는 시스템 프로그래밍 언어는 C/C++입니다.

이경험 그러고 보니 시스템 프로그래밍 언어의 발전 속도는 애플리케이션 프로그래밍 언어보다 느린 것 같아요.

신제용 네. 맞습니다. 1972년 C가 세상에 나왔고, 1983년 C++가 세상에 나왔으니 각각 40년, 30년 이상 지났네요. 그만큼 시스템 프로그래밍 언어를 만들기가 어렵다는 뜻이기도 합니다. 시스템 프로그래밍 언어를 만들기 위해서는 어떤 지식이 필요할까요?

이경험 운영체제에 대한 지식 아닐까요?

신제용 네. 하드웨어를 기본으로 운영체제에 대한 경험이 절대적으로 필요합니다. 단순히 특정 콘셉트만 가지고 시스템 프로그래밍 언어를 만들기란 쉽지 않습니다. 운영체제를 만들어 본 사람이 아니면 시스템 프로그래밍 언어를 만드는 것은 엄두가 안 나는 일이기도 합니다. Go 언어를 개발한 이들을 살펴볼까요? 켄 톰슨이 유닉스라는 운영체제를 만들었습니다. 그리고 롭 파이크와 함께 Plan 9 운영체제를 만들기도 했습니다. 로버트 그리스머는 Java 가상 머신을 설계한 사람이기도 합니다. 운영체제에 대해 잘 알고 있는 이들이었기 때문에 새로운 시스템 프로그래밍 언어가 나올 수 있었을 것입니다. C 언어가 나온 지 40년이 지나서야 현대의 요구에 제대로 맞는 시스템 개발 언어가 나왔다고 평가할 수 있습니다.

이경험 설명을 들으니 정말 중요한 자산이네요.

신제용 시스템 프로그래밍 언어는 만들기도 쉽지 않지만 일단 뿌리를 내리면 상당히 긴 시간 동안 유지되는 특성이 있습니다. 따라서 Go 언어가 시스템 프로그래밍 분야에서 독보적인 개발 언어가 될 가능성이 큽니다. 하드웨어로는 현재 가장 널리 사용되는 ARM과 x86을 완벽히 지원하고 운영체제로는 윈도우, 리눅스, 맥을 지원하므로 Go 언어를 뛰어넘는 시스템 언어가 과연 나올 수 있을까 하는 회의감마저 듭니다. 현재의 구글이 아니면 이런 투자도 불가능했을 것이고 이렇게 훌륭한 개발자를 한곳에 모으기도 쉽지 않았을 것입니다.

김학생 시스템 프로그래밍 분야만 봤을 때도 Go 언어가 상당히 오랜 기간 유지될 확률이 높다는 말씀이시군요.

신제용 맞습니다. 개발 언어가 얼마나 지속되는지 그리고 해당 분야에서 얼마나 널리 사용되는지의 관점으로 봤을 때, Go 언어는 상당히 오랜 기간 널리 활용될 가능성이 있습니다.

이경험 현재는 안드로이드 애플리케이션 개발에 Java를 사용하는데 앞으로는 Go 언어로 대체된다는 이야기를 들었습니다. 이런 이유도 Go 언어를 배워야 하는 이유가 아닐까요?

김학생 구글에서 Go 언어를 만들었으니 당연히 앞으로는 안드로이드에서 Go 언어가 사용되겠군요.

신제용 개인적으로도 안드로이드 애플리케이션을 Go 언어로 작성하는 날을 조심스럽게 예상해 봅니다. 시험판이긴 하지만 Go 1.4 버전부터 안드로이드 애플리케이션을 Go 언어로 작성하는 것이 가능합니다. 사실 안드로이드 애플리케이션에 대한 예상은 이미 실현이 되었다고 할 수 있죠.

김학생 그럼 이제부터 Go 언어를 사용해서 안드로이드 애플리케이션을 개발해야겠군요.

신제용 이번 GopherCon 2015 행사에서 구글 Go팀에서 모바일 관련 기능을 구현하는 분과 직접 이야기를 나눴습니다. 결론부터 말하면 2년 내로 애플리케이션을 개발해야 하는 분들은 Java로 구현하는 것이 맞습니다. 아직 Go 언어가 안드로이드 애플리케이션 개발을 완전히 대체하기는 쉽지 않을 것입니다. 현재 Go 언어의 모바일 지원은 실험적인 성격이 강합니다. 오랜 기간 사용된 Java가 하루아침에 사라지는 것은 상상하기 어려운 일이기도 합니다. Go 언어 개발자보다 Java 개발자가 많고 이미 안드로이드 개발에서 다양한 라이브러리와 개발 환경이 구축되어 있으므로 Go 언어로 Java를 따라잡기에는 많은 작업이 필요할 것입니다. 그러니 Go 언어로 안드로이드 애플리케이션을 개발하는 것은 단기간에 실현되기는 쉽지 않다고 봅니다.

이경험 안드로이드 애플리케이션 개발자로서 안도가 되는 소식이네요.

신제용 물론 이른 시일 내에 Go 언어로 바뀐다고 해도 크게 걱정하실 일은 아닙니다. 컨퍼런스에서 만난 개발자들의 경험을 종합해 보면 다른 언어의 경험이 있는 경우 Go 언어를 익히는 데 시간이 오래 걸리지 않는다고 입을 모으더군요.

김학생 아, 그런가요?

신제용 네. 쉽게 익힐 수 있으니 한번 도전해 보세요. 제가 처음 회사생활을 시작한 2000년대 초의 경험을 이야기해 보겠습니다. 그 당시 MS는 그 누구도 대항할 수 없는 회사였습니다. 운영체제 시장의 대부분을 차지했고 윈도우 기반 애플리케이션이 개발 업무의 대부분이었습니다. 당시 MS에서 C#이라는 개발 언어를 시장에 내놓았고 C#을 적극적으로 지원하겠다는 발표를 했습니다. 이후 대부분 개발자는 C#을 공부했습니다. 저 역시도 지인들과 C# 관련 서적을 사보고 스터디도 했습니다. 시장을 선도하는 기업이 내놓는 기술은 어떻게든 익혀야 하는 것이 현실이죠. 당시의 상황을 현재에 맞추어 생각하면 구글과 애플의 모습이 아닐까 합니다.

이경험 저도 비슷한 맥락의 이야기를 들은 적이 있습니다. 2000년대 후반 Java가 점점 쇠퇴하고 있었는데, 구글이 안드로이드 애플리케이션 개발 언어로 Java로 채택해 Java가 다시 부흥기를 맞이했다는 이야기입니다. 구글이 적극적으로 지원하는 개발 언어라면 널리 퍼질 가능성이 있어 보입니다.

김학생 생각해 보니 제가 Go 언어에 관심을 가진 이유도 구글의 영향력 때문이었던 것 같아요.

신제용 구글이 자체적으로 개발하는 서비스들만 해도 다양하고 복잡합니다. Go 언어 프로젝트가 시작된 가장 주된 이유가 서버 개발 환경에서 일어나는 불편함이나 문제점들을 개선하기 위한 것이어서 Go 언어 자체를 공부하는 것만으로도 다양한 지식을 익힐 수 있을 것입니다. 또한, 서버 프로그래밍을 하더라도 생산성이 높아지는 효과를 얻을 수 있고요.

이경험 서버 프로그래밍 개발자들에게는 정말 필요한 기술이겠네요.

신제용 특히 Go 언어의 http 라이브러리는 구글 서버에서도 사용하니 개발자 입장에서 안심하고 사용할 수 있습니다. 적은 코드로 안전한 웹 서버를 구현할 수 있다는 것은 분명 큰 장점입니다.

이경험 서버 프로그래머라면 Go 언어를 꼭 배워야 하는 셈이군요.

신제용 그렇습니다. 또한, Go 언어가 기술적으로 가장 신뢰를 얻는 부분은 역시 동시성 지원입니다. 스마트폰에 들어가는 CPU도 이제는 4개 코어 이상을 지원하고 있습니다. 혹시 소프트웨어가 하드웨어의 발전을 따라가지 못한다는 말을 들어본 적 있으신가요?

김학생 소프트웨어가 더 빠르게 발전하는 것 아닌가요? 하드웨어는 물리적으로 한계가 있어서 발전에 한계가 있어 보입니다.

신제용 네, 물론 관점에 따라서 해석이 달라질 수 있습니다. 간단한 예를 들면 CPU는 이미 64비트를 지원하지만, 소프트웨어가 32비트 지원에서 64비트 지원으로 옮겨가는 데에는 꽤 시간이 걸렸습니다. 사용할 수 있는 자원이 있지만 소프트웨어 때문에 제대로 활용하지 못했던 것이죠. 멀티코어도 같은 맥락으로 이해해 볼 수 있습니다. 이미 2개 이상의 코어를 지원하지만 이 코어를 제대로 활용할 수 있게 프로그래밍 환경이 지원되지 않았습니다. 물론 기존 프로그램을 멀티코어에서 돌아가게 하려면 구조의 변경은 필수라서 시간이 더 걸리게 됩니다.

이경험 그런 관점이라면 이해가 됩니다. 그래서 하드웨어의 발전을 소프트웨이기 따라가지 못한다고 하는군요.

신제용 특히 동시성이나 병렬성을 지원하는 프로그램을 개발하는 경우 프로그래밍 언어에서의 지원은 그 속도가 더 느린 것이 사실이죠. C나 Java에서 지원하는 스레드를 이용해 동시성을 지원하는 프로그래밍이 가능하긴 하지만 안정적으로 동작하게 하기는 쉽지 않습니다.

이경험 저도 스레드를 이용해 프로그래밍하지만 안드로이드의 경우 핸들러와 같이 추상화된 개념을 사용해서 이전보다 동시성 프로그래밍을 하기가 쉬워진 점도 있습니다.

신제용 개발 언어마다 라이브러리 형태로 동시성을 지원하는 노력을 기울이고 있습니다. 그러나 해당 언어가 만들어질 당시에는 동시성에 대한 고려가 없었고 버전이 올라가면서 동시성 관련된 기능이 추가된 것이므로 언어 자체가 복잡해지고 버그를 동반하기도 합니다.

김학생 앞에서 Go 언어는 언어를 설계할 때부터 동시성을 고려하였다고 하셨죠?

신제용 맞습니다. Go 언어는 동시성을 지원하기 위한 언어라는 특징이 있습니다. 앞에서 롭 파이크에 대해서 이야기할 때 언급했던 것처럼, Go 언어는 롭 파이크가 30년 이상 동시성 관련 분야에서 연구한 결과라고 평가할 수 있습니다. Go 언어 설계 단계에서부터 동시성을 고려하였기 때문에 다른 언어보다 동시성을 지원하는 프로그램을 작성하고 이해하기 쉽다는 특징이 있습니다. Go 언어가 지원하는 채널을 이용하는 경우 안전하게 동시성 프로그램을 만들 수 있습니다. 이런 이유에서 동시다발로 들어오는 요청을 처리하는 서버 프로그램을 작성할 때 Go 언어를 활발히 사용합니다.

이경험 안드로이드 애플리케이션보다 서버 쪽에서 많이 사용된다는 말이 이해가 가는군요.

마스코트 – 고퍼(Gopher)

언어마다 자신을 대표하는 마스코트가 있다. 새로 등장하는 개발 언어나 서비스의 경우 마스코트를 통해 개발자에게 친근하게 다가가고 기억에 오래 남길 수 있다. 마스코트나 심볼은 개발자 컨퍼런스에서 다양한 기념품으로도 활용되어 같은 개발 언어를 사용하는 사람을 하나로 묶어주는 역할을 하기도 한다. Java는 듀크 Duke, Python은 뱀을 형상화한 이미지를 사용하고 있고 최근에 나온 애플의 개발 언어인 Swift는 새를 형상화한 이미지를 심볼로 사용하고 있다.

그림 21 Java의 마스코트(듀크), Python의 로고(뱀을 형상화), Swift의 로고(새를 형상화)

김학생 Go 언어와 관련된 자료를 검색할 때면 같이 검색되는 동물 그림이 있던데요. Go 언어의 마스코트인가요?

신제용 네, 맞습니다. 고퍼Gopher는 Go 언어 사용자라는 뜻과 비슷한 이름의 동물이라 Go 언어 마스코트로 선정되었습니다. 서식지가 북미지역이라 우리에게는 생소한 동물이긴 합니다만 우리말로는 땅다람쥐라고 합니다.

그림 22 Go 언어의 마스코트 '고퍼'

이경험 귀엽게 생겼어요.

신제용 실제로는 이런 모습입니다.

그림 23 실제 고퍼[01]

김학생 실제 고퍼보다는 마스코트 고퍼가 훨씬 귀엽게 생겼네요.

신제용 오늘은 고퍼와 관련된 이야기를 한번 해 볼까요? 사실 고퍼는 Go 언어를
위해 만든 마스코트는 아닙니다. Go 언어 프로젝트가 시작하기 훨씬 전인
지금으로부터 약 15년 전쯤에 탄생했으니까요.

---

01 출처: https://commons.wikimedia.org/wiki/File%3AUrocitellus_columbianus_Alberta_
Martybugs.jpg, Martin Pot (Martybugs at en.wikipedia) CC BY 3.0 via Wikimedia Commons

신제용 본래 고퍼는 미국 뉴저지의 라디오 방송국인 WFMU 라디오 방송국을 알리려고 만들어졌습니다. 당시 매년 열리는 모금행사를 위한 티셔츠를 제작하게 되었는데 디자인을 맡은 르네 프렌츠[Renee French]가 티셔츠에 넣기 위해서 디자인했습니다. 당시 행사를 위해 디자인한 고퍼는 다음과 같은 모습입니다.

그림 24 WFMU 초기 고퍼[02]

신제용 이후 고퍼는 벨 연구소의 메일 시스템에서 롭 파이크와 같은 팀원인 밥 프라드레나[Bob Fladrena]의 아바타가 되었습니다. 켄 톰슨, 롭 파이크, 러스 콕스 등의 아바타도 르네가 함께 그려줬다고 합니다.

그림 25 (왼쪽부터) 밥 프라드레나, 켄 톰슨, 롭 파이크, 러스 콕스의 아바타

신제용 이뿐만 아니라 르네는 Plan 9의 마스코트인 글렌다[Glenda]를 만들기도 했습니다. 얼핏 보면 토끼같이 보이기도 하죠? 글렌다는 WFMU 고퍼의 친척쯤 되겠네요.

---

02 출처: https://blog.golang.org/gopher

그림 26 Plan 9 마스코트 글렌다[03]

신제용 Plan 9 팀원들이 다시 의기투합하여 Go 프로젝트를 시작하자 Go 언어
를 빛내 줄 로고가 필요했습니다. 이때 르네가 자원해 로고 작업을 맡아주
었다고 합니다. 이렇게 완성된 첫 번째 Go 언어 로고는 다음과 같습니다.

그림 27 Go 언어 첫 번째 로고[04]

신제용 개인적으로는 단순해서 좋은데 왠지 허전하긴 하죠?

이경험 그럼 고퍼는 어떻게 Go 언어에 채택되었나요?

신제용 2009년 Go 언어가 오픈소스로 세상에 나올 때 르네가 WFMU의 고퍼를
마스코트로 쓰는 것이 어떠냐고 제안했다고 합니다. 이 제안을 Go 언어
개발팀에서 받아들여 지금 우리가 Go 언어와 함께 고퍼를 볼 수 있게 되
었습니다. 당시에도 특별히 이름을 짓지는 않았다고 하네요. 그냥 단순히
'Go gopher'로 불렀다고 합니다.

---

03 출처: http://plan9.bell-labs.com/plan9/glenda.html
04 출처: https://blog.golang.org/gopher

그림 28 **고퍼 티셔츠**[05]

신제용 고퍼는 티셔츠 등 다양한 상품에 사용되는데요. 혹시 고퍼 인형이 있다는
사실도 알고 있나요?

그림 29 Gopher 인형

김학생 고퍼 인형요? 인형도 있나요?

신제용 지는 이 인형을 보면서 개발자뿐만 아니라 개발자의 가족과도 연결되는 고
리가 아닐까 생각합니다. 특히 아이들이 고퍼 인형을 좋아한다는 글을 많
이 봤습니다.

---

05 출처: https://www.googlemerchandisestore.com/Google+Redesign/Wearables/Men+s+T-
Shirts/Go+Gopher+T-Shirt+in+Teal.axd

신제용 고퍼 인형은 Go App Engine을 처음 소개한 Google I/O 2011 행사를 위해 만들었다고 합니다. 이때 처음으로 색상도 입히고 입체적인 고퍼가 세상에 나왔습니다. 앞에서 봤던 사진은 완성된 형태고 처음 만들었던 프로토타입은 다음과 같았습니다.

그림 30 고퍼 인형 초기 버전[06]

신제용 개인적으로 귀엽기보다는 약간 무서운 모습을 하고 있다고 생각합니다. 비슷한 시기에 르네는 점토로 고퍼를 만들었습니다. 조각 작품으로 다듬어져서 OSCON 2011에 플라스틱으로 나오게 되었죠.

그림 31 고퍼 피겨 만드는 과정[07]

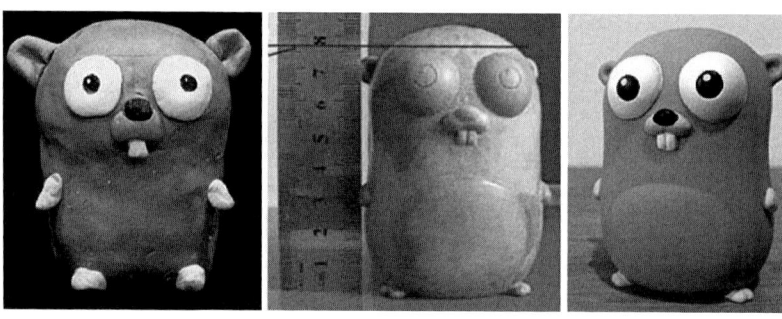

신제용 현재는 각종 커뮤니티에서 기존 고퍼를 변형하여 다양한 고퍼들이 나왔습니다. 커뮤니티나 개인적으로 고퍼를 사용하려면 라이선스를 확인해야 합니다. 고퍼의 창작자는 앞에서 언급한 바와 같이 르네며, 라이선스는 CCA^Creative Commons Attributions 3.0이 적용됩니다.

---

06 출처: https://blog.golang.org/gopher
07 출처: https://blog.golang.org/gopher

김학생 저도 고퍼 인형 하나 사고 싶어요.

신제용 많은 분이 고퍼 인형을 구하는 방법을 물어보더군요. 아쉽게도 국내에서
얻을 방법이 아직은 없습니다. 고퍼 인형을 얻으려면 구글에서 운영하는
스토어[08]를 이용하거나 Go 언어 컨퍼런스에 참석하는 방법이 있습니다.

이경험 한국에서 구하기 어렵다는 점은 아쉽지만 알려주신 방법으로 사보겠습
니다.

신제용 고퍼를 나라별 특색에 맞게 변형한 사례도 많습니다. 고퍼에 모자나 옷으
로 변화를 줘서 어느 나라를 상징하는지 쉽게 알아볼 수 있게 표현했는데,
한국을 상징하는 재미있는 고퍼가 나오기를 기대해 봅니다.

그림 32 GopherCon 2015 심벌[09]   그림 33 GopherCon 인도 2015에 사용한 심벌[10]

08 구글 기념품 판매 사이트 : https://goo.gl/Rwpz4z

09 출처: http://www.gophercon.com/images/cowboy-color.png

10 출처: http://www.gophercon.in/images/gopher-150.png

그림 34 Gopher China 2015에 등장한 고퍼 심벌[11]

11 출처: http://gopherchina.org/

Go 언어 개발자 행사

미국을 비롯해 유럽, 인도, 중국, 일본에서 Go 언어와 관련된 크고 작은 규모의 컨퍼런스가 열리고 있다. 우리나라에서도 미국에서 열린 GopherCon 2015를 따라 국내 Go 언어 개발자들의 소식을 공유하는 자리를 가졌다.

그림 35 GopherCon 2015 포스터

이경헌 Go 언어는 커뮤니티 활동이 활발한 편인가요? 국내에서는 아직 활발히 움직이는 것처럼 보이지 않아서요.

신제용 커뮤니티 활동이나 개발사 컨퍼런스가 있느냐 없느냐 또는 얼마나 활성화되었느냐가 해당 기술이 얼마나 퍼졌는지를 가름하는 척도가 되긴 하죠. Go 언어의 경우 그 시작이 2014년부터가 아닌가 생각합니다.

김학생 2014년이면 얼마 전이군요. 그렇게 생각하시는 이유는 무엇인가요?

신제용 2014년에 처음으로 Go 언어 개발자 행사인 GopherCon 2014 행사가 열렸습니다. 미국 콜로라도 덴버에서 열렸고 800명 이상의 개발자가 모였습니다. 미국뿐만 아니라 전 세계를 대상으로 열린 행사였습니다. Go 언어 개발팀의 핵심 멤버들이 모두 참여해 키노트부터 여러 세션의 발표도 맡았습니다.

그림 36 GopherCon 2014 포스터

김학생 이외에 다른 컨퍼런스는 어느 나라에서 열리고 있나요?

신제용 현재 미국 이외 지역은 인도가 있습니다. 인도에서도 공식적인 Go 언어 컨퍼런스가 열립니다. GopherCon India[01]라는 행사로 미국 이외 지역에서는 처음으로 열린 컨퍼런스입니다. 행사가 열린 인도 벵갈루루는 세계 최대 IT 회사들이 자리 잡고 있습니다. 저렴한 임금과 풍부한 인적자원으로 소프트웨어의 공장이라는 이야기를 듣고 있는 곳이기도 합니다. 미국 이외의 지역, 그것도 벵갈루루에서 Go 언어 컨퍼런스가 열린다는 것은 Go 언어의 영향력이 세계로 퍼지고 있다는 증거라 할 수 있습니다.

---

01 http://www.gophercon.in

그림 37 인도 Go 컨퍼런스

신제용 미국 뉴욕에서 열리는 GothamGo 컨퍼런스[02]는 미국 동부지역에 열리는 행사로 2014년 11월에 첫 행사를 무사히 마쳤습니다.

그림 38 GothamGo 컨퍼런스 홈페이지

02 http://gothamgo.com

그림 39 유럽지역 Go 컨퍼런스 – dotGo 홈페이지[03]

그림 40 중국 상하이에서 열린 Gopher China 홈페이지[04]

이경험 컨퍼런스에서 발표한 자료를 받을 수 있나요?

---

03 http://www.dotgo.eu/

04 http://gopherchina.org/

신제용 네, 가능합니다. 개발자 컨퍼런스에서 발표한 내용들은 행사가 끝난 후 바로 공유되는 편입니다. 각 컨퍼런스 홈페이지에 들어가면 동영상으로 발표 내용을 감상하실 수 있습니다.

김학생 외국 컨퍼런스에 참석하려면 비용도 많이 들고 언어 소통의 문제가 있어서 어려울 것 같은데, 혹시 한국에서 열리는 Go 언어 컨퍼런스는 없나요?

신제용 아쉽게도 아직 컨퍼런스 규모의 행사는 없습니다. 점차 국내에서도 사용자가 늘어나고 있으니 국내 사용자가 조금 더 모인다면 국내에서도 큰 규모의 컨퍼런스가 열릴 수 있을 것입니다.

이경험 컨퍼런스에서 주로 발표되는 주제는 무엇인가요? 어떤 분야에서 가장 먼저 Go 언어를 받아들였는지 궁금해서요.

신제용 지금까지는 서버 사이드$^{Server-Side}$에서 동작하는 서비스나 도구를 Go 언어로 대체하는 사례가 주로 발표되었습니다. 구글에서도 검색이나 서비스 핵심 기능을 Go 언어로 개발한다고 합니다. Go 언어의 강력한 동시성을 이용하면 코드도 짧아지고 C/C++를 이용한 코드보다 신뢰성이 높은 서버 프로그래밍을 할 수 있다는 장점 때문입니다. 서버를 관리하는 도구로 Go 언어를 사용하여 구현 시간을 줄이고 성능까지 잡았다는 이야기도 들립니다. 또한, Go 언어의 성능과 다양한 운영체제 지원을 이용한 기술인 도커^{Docker}도 조명을 받고 있습니다.

이경험 GopherCon 2015에도 다녀오신 것으로 알고 있습니다. 2015년 행사는 2014년 행사와 비교해서 어떤 점이 달랐나요?

신제용 가장 두드러진 차이점은 규모입니다. 2014년에는 호텔의 컨퍼런스 홀을 빌려서 진행했고 약 800명이 참여했습니다. 2015년 행사에는 1,300명이 넘는 개발자가 참여하였는데 참여 인원수로만 보자면 1년 사이 거의 2배 규모로 증가한 셈이죠.

김학생 1년 만에 엄청난 변화네요.

신제용 덧붙여 말하자면 2015년 행사는 콜로라도 컨벤션 센터에서 진행되었는데 이는 콜로라도 주에서 가장 큰 컨벤션 센터라고 합니다. 행사 운영자에게 물어보니 이변이 없다면 2016년에도 같은 장소에서 열릴 예정이라고 하네요.

그림 41 GopherCon 2015가 열린 콜로라도 컨벤션 센터

그림 42 GopherCon 2015가 열린 콜로라도 컨벤션 센터 내부

이경험 2015년 행사에서 새롭게 발표된 소식이 있었나요? 앞으로의 방향이라든가 미래를 예측할 수 있는 내용이라든가?

신제용 1.5 버전에서 성능 향상에 대한 내용, 구글 앱 엔진^{Google App Engine}에서 Go 언어 지원이 베타에서 정식 지원으로 바뀐 점, Go 모바일을 통해 iOS나 안드로이드 환경에서 개발 가능성을 보여 준 점이 아닐까 생각합니다.

그림 43 구글 앱 엔진 정식 지원을 발표하는 러스 콕스

김학생 2014년과 비교했을 때 분위기는 어떤가요? 저와 같은 학생들도 많이 참여했는지 궁금합니다.

신제용 2014년은 작은 축제 같은 분위기였습니다. 그에 비해 2015년은 일반 개발 컨퍼런스와 비슷한 분위기라고 할까요? 2014년은 첫 번째 행사라 참여한 사람들뿐만 아니라 Go 언어 개발팀원들도 흥분했었죠. 인원도 많지 않아서 행사로 빌린 술집이 문을 닫을 때까지 함께 술을 마시면서 이야기를 나누는 분위기였고요. 2015년에는 10시 남짓한 시간에 맥주 파티가 끝났고 일부 참석한 Go 언어 개발팀원들도 다음날 발표나 행사 준비로 일찍 자리에서 일어났습니다. 물론 두 번 모두 신나는 행사였지만 개인적으로는 2014년이 개발자 간에 조금 더 가깝게 느껴진 행사였습니다.

이경험 실제 사업에 적용해서 성공한 사례들이 많이 소개되었나요?

신제용 2014년 발표와 비교해서 두드러진 점은 적용 사례 부분이 아닐까 합니다. 가장 관심을 끌었던 회사는 Parse.com이었습니다. 잘 알려진 서비스를 Ruby에서 Go 언어로 성공적으로 전환한 사례기 때문이죠.

그림 44 Parse.com 개발자 발표

이경험 국내에서도 안드로이드 애플리케이션을 개발할 때 Parse.com을 사용하는 경우가 있는 것으로 알고 있습니다.

신제용 Parse.com은 2011년도에 만들어진 회사인데 2013년에 페이스북에 인수되어 유명해졌습니다. 모바일 애플리케이션을 개발하더라도 데이터베이스 생성과 검색, 로그인, 사용자 등록 같은 서버 쪽 개발이 필요합니다. Parse.com은 이런 것들을 제공하여 개발자가 모바일 애플리케이션의 기능에만 집중하여 개발할 수 있도록 해 줍니다. 개발 기간도 단축되고 애플리케이션의 품질 개선에도 효과적입니다.

김학생 이런 서비스가 있는지 몰랐는데 유용한 서비스네요.

이경험 국내에서는 Parse.com과 같은 서비스를 제공하는 업체가 별로 없는 것 같아 아쉽습니다.

신제용 Parse.com의 발표 외에는 대부분 서버 쪽 개발과 관련된 내용이었습니다. 행사에 참석한 개발자도 메일 서비스, 데이터 분석 서비스와 같이 서버 기반 서비스를 다루는 사람들이 많았습니다.

김학생 혹시 미국에서는 학교에서 Go 언어를 가르치는 곳이 있나요?

신제용 아침 식사를 하다가 우연히 대학에서 Go 언어를 가르치는 교수님과 대학에서 Go 언어를 배우고 졸업했다는 개발자를 만났습니다.

김학생 벌써 그런 학교가 있군요? 미국은 확실히 기술을 받아들이는 속도가 빠르네요.

신제용 Go 언어를 가르치는 교수님은 Go 언어가 나온 초기부터 Go 언어에 대한 관심이 많아서 수업에서 Go 언어를 가르친다고 했습니다. 이 교수님 말에 의하면 극히 일부 Go 언어에 관심 있는 교수님을 중심으로 Go 언어를 가르치고 있으며 이제 시작하는 단계라고 합니다. Go 언어를 대학에서 가르치는 것이 일반적인 상황은 아니라고 하더군요. 하지만 수업에 자신이 새롭게 알게 된 지식이나 경험을 준비해서 학생들에게 가르치는 것은 참 부러웠습니다. 국내 대학에서도 이런 시도가 많이 일어나면 좋겠다는 생각이 들었습니다.

김학생 하지만 대학에서 회사나 사회에서 사용하는 기술만을 쫓는다면 직업학교가 되는 것은 아닐까요?

신제용 언어 자체를 가르친다기보다 다양한 개발 환경을 가르치는 것이라면 분명히 도움이 되리라 생각합니다. 학부 때 Go 언어를 배웠다는 개발자도 처음 입사할 때에는 C++ 환경을 주로 사용하여 Go 언어를 배웠던 것이 큰 도움이 되지 않았는데, 새로 시작하는 프로젝트에 Go 언어를 사용하게 되어 컨퍼런스에 참석하였다고 하더군요. Go 언어의 특징을 알고 있고, 한 번 접해본 언어라 거부감이 적었다고 합니다.

이경험 2015 컨퍼런스에서 가장 기억에 남는 경험은 무엇인가요?

신제용 저는 컨퍼런스 첫날에 있었던 워크샵이 가장 기억에 남습니다.

김학생 워크샵에 참석하면 많이 배우게 되나요?

그림 45 Go 워크샵

신제용 워크샵 진행하는 강사와 인연이 있어서 운 좋게 초대를 받았습니다. 8시간
동안 진행되는 워크샵인데 75명이 참여했습니다. 강사에게 물어보니 보통
25명을 넘지 않는다고 하는데, 참석하고 싶다는 사람이 많아서 75명을 받
았다고 하더군요. Go 언어의 기본을 익히는 워크샵이었는데 많은 사람이
참석하는 것을 보고 놀라웠습니다. 미국 내에서 Go 언어의 관심이 점점
뜨거워지고 있다는 것을 실감하는 기회였죠. 워크샵을 전문으로 진행하는
강사라서 Go 언어에 대한 설명을 다양한 예제로 보여주는 것이 좋았습니
다. 질문에 대해서도 막힘 없이 답변하는 모습도 인상적이었고요.

NOTE **루비에서 Go 언어로 갈아타기에 성공한 Parse.com 사례**

Parse.com은 2011년 루비^{Ruby}로 서비스를 개발해 성공적으로 런칭했다. 기능이 추가되어 코드가 증가하면서 처음으로 직면한 문제가 코드를 배포할 때 시간이 오래 걸린다는 것이었다. 1년 반이 지난 2012년 말에는 서버에서 처리하는 작업이 늘면서 코드 배포나 롤백에 20분 정도가 소요되었다. 20분 동안 API 처리에 영향을 주지 않으려고 복잡한 로드밸런싱과 같은 많은 작업을 수행해야 하는 어려움을 겪었다. 이후로 사용자가 급증해 데이터베이스도 늘려야 하는 시기가 되었을 때 더는 루비 온 레일로 사용자의 서버 요청에 대한 처리를 감당하기 어려웠다.

비동기 모델을 사용해 서버 요청을 처리해야 하는 상황이라는 데 의견을 모았다. 확장성을 위해 향후 10배 이상 서버 요청이 들어오더라도 처리할 수 있는 대안을 찾고자 했고, 다양한 비동기 처리 방식을 위해 선택 가능한 기술들을 조사했다. 먼저 루비와 관련된 기술인 EventMachine, JRuby 등을 조사했다. 하지만 루비 자체가 비동기 방식 지원에 한계가 있고 스레드 사용에 안전성을 보장하지 않는 경우가 많았다. 다른 대안으로 팀 내에 C++ 경험이 많은 개발자가 있어서 C++도 고려했지만, 디버깅이나 유지보수가 어렵다는 결론을 내렸다. 다음으로는 C#을 꼽았는데, Async와 Await로 동시성을 지원하는 최고의 후보자라고 판단했다. 하지만 리눅스에서 C#은 적절해 보이지 않았다.

다음 후보가 Go 언어였다. 비동기 방식을 지원하고 Parse의 핵심 기술 중 하나가 MongoDB였는데, 여기에 사용하는 드라이버가 Go 언어에서 이미 나와 있었고 궁합도 잘 맞았다. 또한, goroutine을 이용해 스레드보다 훨씬 적은 리소스로 개발이 가능했다. 실제 성능 측면에서는 각 네트워크 연결 시 4KB 정도의 램 메모리가 사용되어 기존보다 효율적이었다. 이전에는 네트워크 노드당 250K 연결이 가능했으나 Go 언어를 사용하고 나서는 150만 네트워크 연결이 가능했다.

Parse.com의 경우 루비에서 Go 언어로 갈아타기에 성공한 것을 넘어 성능과 유지보수 등에서도 획기적인 성과가 있었다.

출처 http://goo.gl/suhhHJ

C와 Java 개발자를 위한 Go 언어

이미 알고 있거나 가지고 있는 것을 최대한 이용하면 새로운 것을 익힐 때 좀 더 빠르고 쉽게 익힐 수 있다. C/C++ 또는 Java에 경험이 있다면 최근에 나온 다른 언어보다 빨리 Go 언어를 습득할 수 있을 것이다. 그 이유가 무엇인지 세 사람의 대화를 통하여 알아보자.

신제용 주로 어떤 개발 언어를 사용하세요?

이경험 최근에는 주로 Java로 개발하고 있습니다.

김학생 C를 학교에서 배웠어요. 다음 학기에는 Java를 배운다고 하더라고요.

신제용 C나 Java를 아신다면 Go 언어도 쉽게 익힐 수 있을 것입니다. 앞에서 말씀드린 바와 같이 Go 언어는 C에서 파생되었습니다. 현재 가장 널리 사용되는 언어 중에 하나가 C고 Go 언어가 C 계열이므로 많은 사람이 쉽게 익힐 수 있다고 생각합니다. 물론 외형적으로 달라진 부분은 있습니다. 하지만 변경된 이유를 알고 이해한다면 Go 언어에 대해 조금 더 직관적으로 이해할 수 있을 것입니다.

김학생 제가 C를 시작한 지 얼마 안 되어서 Go 언어까지 익히면 오히려 머리가 더 복잡해질 것 같기도 해요.

신제용 하나를 깊게 배우고 다른 언어를 배우는 것도 좋은 방법입니다. 하지만 C에서 Go 언어로 변경된 부분의 이유를 배운다면 C를 조금 더 잘 이해할 수 있고, C를 사용할 때 조금 더 주의해서 사용할 수 있습니다. 즉, 어떤 부분이 에러를 일으키기 쉬운지, C에서 Go 언어로 오면서 변형된 문법이나 추가된 기능은 무엇인지를 중심으로 Go 언어를 익히는 것이지요.

김학생 그렇게 생각하니 부담이 조금 줄어드네요. 그럼 쉽게 설명해 주세요.

신제용 Go 언어의 특징을 직관적인 것, 제거된 것, 변경된 것, 추가된 것, 엄격한 것으로 나누어 설명하고 마지막으로는 Go 언어 testing 패키지를 이용한 단위 테스트를 간략히 다뤄 보겠습니다. 일단 다음의 [표 2]를 봐 주시겠습니까? Go 언어가 제공하는 기능을 C++, Java와 함께 정리해 보았습니다.

표 2 개발 언어별 지원 기능

기능	Go	C++	Java
Class	X	O	O
Inheritance	X	O	O
Overloading	X	O	O
GC (Garbage Collector)	O	X	O
Pointer	O	O	X
Pointer 연산	X	O	X
Import/Package	O	O (include, namespace)	O
Interface	O	O (template)	O
nil	O	O (NULL, 0)	O (null)
Implicit type conversion	X	O	O

신제용 우선 Go는 클래스^{Class}를 지원하지 않습니다. 따라서 상속^{Inheritance}이나 오버로딩^{Overloading}을 지원하지 않죠. 그리고 가비지 콜렉터$^{Garbage Collector}$를 지원합니다. C나 C++에서는 개발자가 할당받은 메모리에 대해 직접 해제해야 하는데, Go 언어에서는 Java와 같이 개발자가 메모리 해제에 대해 신경 쓸 필요가 없습니다.

이경험 개발자의 입장에서 반가운 내용이군요.

김학생 [표 2]를 보니 C 언어 배우면서 가장 어려웠던 부분인 포인트 관련 내용이 눈에 들어오는데요. 포인터^{Pointer}는 지원하지만 포인터 연산은 지원하지 않는다는 것이 특이합니다.

신제용 그렇습니다. Go 언어의 특징은 포인터는 있는데 포인터 연산이 없다는 것입니다. 반면에 C나 C++에서는 포인터와 포인터 연산이 모두 가능하죠. 다른 모듈이나 패키지를 사용할 때는 Java와 비슷한 방법으로 구현하며, Java의 인터페이스^{Interface}와 유사하게 동일한 키워드로 인터페이스를 지원합니다. 다른 두 언어에서 Null 값으로 사용하는 것을 Go 언어에서는 'nil'로 표현한다는 차이가 있습니다.

신제용 Go 언어는 타입 변환$^{Type\ Conversion}$에 대해서도 아주 엄격합니다. 다른 두 언어에서는 경고^{Warning} 정도로 넘어가는 것이 Go 언어에서는 컴파일 에러$^{Compile\ Error}$가 발생합니다.

김학생 다른 언어와 비교해서 어떤 특징이 있는지는 이해했습니다. 하지만 이런 특징이 어떤 의미가 있는지는 이해가 잘되지 않는데요.

신제용 그럼 조금 더 깊게 알아보겠습니다.

Go 언어는 객체지향언어?

Go 언어는 클래스가 없고 상속도 지원하지 않는다. 당연히 오버로딩도 지원하지 않는다. 그렇다면 Go 언어는 객체지향언어일까? "그렇기도 하고 아니기도 하다" 고 Go 언어 개발팀은 말한다. 타입^{Type}과 메서드^{Method}로 객체지향 스타일의 프로그래밍을 할 수 있지만 상속은 지원하지 않고 인터페이스^{Interface}라는 개념으로 다른 접근방식을 지원한다. 임베드 타입$^{Embed\ Type}$을 이용하면 서브클래스^{Subclass}와 유사한 기능을 제공할 수 있다. 따라서 기존의 객체지향을 완벽하게 지원하지는 않지만 비슷한 효과를 낼 수는 있다.

가비지 컬렉션

시스템 프로그래밍에서 가장 많은 코딩 부분을 차지하는 것 중에 하나가 메모리 관리Memory Management다. 버그가 가장 많이 발생하는 부분이기도 하고 프로그래머가 가장 많은 시간을 들이는 부분이기도 하다. 따라서 개발자의 노력을 줄이기 위해서도 가비지 컬렉션이 필요하다. 이미 Java에서는 가상 머신에서 이를 지원하고 있지만 Go 언어처럼 독립적으로 실행 가능한 파일을 생성하는 경우 가비지 컬렉션을 지원하기는 쉽지 않은 일이다. 하지만 Go 언어에서는 간결하고 안정적으로 동시성를 지원하는 코드를 쉽게 작성하기 위해 가비지 컬렉션을 지원한다.

포인터 연산이 없다?

포인터는 있는데 왜 포인터 연산을 지원하지 않을까? C 개발자라면 느끼겠지만 심각한 버그의 상당 부분은 포인터 연산에서 기인한다. 포인터 연산에서 실수하면 잘못된 주소에 접근하여 값을 갖고 오기도 하고 잘못된 주소에 값을 쓰기도 한다. 따라서 Go 언어에서는 포인트 연산을 지원하지 않아서 안전한 프로그래밍이 가능하게 한다.

김학생 포인터는 있지만 포인터 연산을 지원하지 않는 이유가 가슴에 와 닿네요. 과제 하다가 만난 심각한 버그는 대부분 포인터 연산이었거든요.

이경험 Go 언어가 객체지향이냐 아니냐 말이 많았다고 들었습니다. 인터페이스만 지원하고 클래스와 상속을 지원하지 않아서 그런 논란이 있었다고 하던데요?

신제용 Go 언어 개발팀은 인터페이스 사용을 추천하며 임베딩을 통해서 객체지향과 비슷한 효과를 낼 수 있다고 말합니다. 클래스 상속에 관련해서는 제

임스 고슬링^{James Gosling}이 "Java를 다시 설계한다면 무엇을 없애고 싶습니까?"라는 질문에 서브클래스를 없애고 싶다는 말을 했었죠. 클래스 상속이 문제가 많으니 인터페이스를 이용해야 한다는 뜻이었습니다. 부모 클래스에 의존성이 커져서 확장에 문제가 되며 원하지 않는 속성이나 메서드까지 상속받아야 하는 문제가 발생합니다. 최근에는 다른 언어에서도 클래스 상속보다는 인터페이스를 이용한 방법을 추천하고 있습니다.

김학생 저는 Go 언어 코드가 눈에 잘 읽히지 않아요.

신제용 기존 언어에 익숙한 경우 처음 Go 언어를 접할 때 변수 선언 부분 때문에 어려움을 겪습니다. 사실 Go 언어의 변수 선언은 언어를 직관적으로 표현하고자 한 노력이 들어가 있는 부분입니다. 하지만 안타깝게도 C나 Java 개발자가 Go 언어를 처음 접할 때 가장 거부감을 느끼는 부분이 되었습니다. Go 언어에서는 변수 선언부가 더 길고 기존에 알던 순서와 반대이기 때문인데요. 제 주변에서도 "뭐야, C 언어 계열이라고 하면서 가장 기본적인 변수 선언도 다르고 예전보다 더 복잡해진 것 같잖아."라고 불평하는 경우를 자주 봐 왔습니다. 저도 처음에는 왜 이렇게 바뀌었는지 이해하기가 어려웠습니다. 초기에는 Go 언어에 대한 자료도 부족했고 바뀐 변수 선언부를 마땅히 설명할 수 있는 논리가 없어서 답답했던 기억이 납니다. 이후에 Go 언어 개발팀에서 직접 변수 선언 부분을 이처럼 변경한 이유를 설명했는데 그 설명을 듣고 나서야 비로소 "아하! 그래서 이렇게 생겼구나" 하고 이해할 수 있었습니다. 그럼 지금부터 그 이유를 설명하겠습니다.

[코드 2] C에서 변수 선언

```
int a;
int b[10];
```

[코드 3] Go 언어에서 변수 선언

```
var a int
var b [10]int
```

신제용 C나 Java에서의 변수 선언은 [코드 2]와 같이 이미 익숙한 표현입니다. [코드 3]의 Go 언어에서의 변수 선언을 보면 앞에 var가 하나 더 붙어 있고 C에서 한 선언 순서와 반대입니다. 왜 이렇게 복잡하게 표현했을까 하는 의문이 들 것입니다. "변수 a는 정수형이다."를 영어 문장으로 표현해 볼까요? "Variable a is integer"가 됩니다. 이것이 바로 Go 언어 개발팀이 밝힌 변수 선언 문법의 비밀입니다. 즉, Go 언어를 마치 영어 문장으로 쓰는 것처럼 표현하고자 한 것이죠.

김학생 듣고 보니 말이 되네요.

신제용 영어라고 생각하고 보면 기존 방식보다 더 직관적으로 느껴지지 않나요? 아쉽게도 우리는 영어를 모국어로 하지 않기에 직관적인 느낌보다 이전에 친근했던 것과 다른 것에 대한 낯선 느낌이 먼저 들지도 모르겠습니다. 하지만 [코드 4], [코드 5]와 같은 경우를 보면 Go 언어의 표현이 조금 더 직관적이라고 생각할 수 있을 것입니다. C로 변수를 선언한 [코드 4]를 보겠습니다. c와 d는 같은 타입일까요? 코드를 읽거나 작성할 때 오류를 내기 쉬운 부분이죠. 이번에는 [코드 5]의 Go 언어를 보겠습니다. [코드 5]에서는 b, c가 똑같이 정수형 포인터로 선언됩니다.

[코드 4] C에서 변수 선언 ────────────────────────────────
```
int* c, d;
```

[코드 5] Go 언어에서 변수 선언 ─────────────────────────────
```
var c, d *int
```

이경험 확실히 [코드 5]와 같이 표현하는 경우가 [코드 4]보다 선언이 명확해지는 효과가 있네요.

신제용 맞습니다. 또한, 변수 선언 시 [코드 6]과 같이 다양한 방법으로 코드 타이핑 양을 줄일 수 있습니다.

[코드 6] Go 언어에서 다양한 변수 선언 방법 ────────────────────────

```
// var를 사용하여 그룹으로 묶기
var(
    a int
    f float64
    s string
)

// 선언 시 값을 할당하는 경우 type 생략 가능
var i = 4

// 함수 내에서만 사용되며 ':='로서 var, type 생략 가능
i := 1
```

신제용 Go 언어를 시작할 때 혼란을 겪는 첫 번째 장애물인 변수 선언에 대해 기존 방법과 다른 이유와 사용법을 알면 Go 언어로 된 소스를 읽기가 한결 쉬워질 것입니다. Go 언어에 적용된 문법은 직관적인 방향, 코드 타이핑 양을 줄이는 방향으로 진화했다는 것을 염두에 두고 그 특징을 살펴본다면 더욱 도움이 될 것입니다.

김학생 그렇군요. 하나 더 궁금한 점이 Go 코드를 보다 보면 어디서 구문이 끝나는지 궁금합니다. 하나의 라인이 하나의 구문으로 끝나는 것 같긴 한데 C와는 달리 명시적으로 구문의 종료를 표시하는 부분이 없는 것 같아서요.

신제용 C나 Java에서 사용하던 세미콜론이 Go 언어에는 보이지 않아서 그런 것 같습니다. 이번에는 Go 언어에서 생략한 것에 관해 설명하겠습니다.

▨ 세미콜론

C뿐만 아니라 Java에서도 구문이 끝날 때 세미콜론(;)을 넣는다. 그러나 Go 언어에서는 [코드 7]과 같이 세미콜론을 사용하지 않고 변수를 선언한다. 실제로 Go 언어에서는 세미콜론을 사용할 일이 거의 없다. Go 언어가 제공하는 패키지 소스

를 봐도 for나 if문에서의 사용을 제외하고는 세미콜론을 찾아보기 힘들다.

```
var i int
```

──

김학생 그래서 구문이 끝날 때 세미콜론이 없었던 것이군요.

신제용 기존 언어에서 세미콜론은 해당 스테이트먼트Statement가 종료된다는 것을
의미합니다. Go 언어에서 세미콜론은 제거했다기보다 생략할 수 있다는
것이 정확한 표현입니다. 따라서 세미콜론을 넣어도 문제 되지 않습니다.
Go 언어에서도 여러 스테이트먼트를 하나의 라인에 표현할 때 ';'를 사용
할 수 있습니다.

신제용 컴파일러가 자동으로 세미콜론을 삽입하면 [코드 8]과 같은 문제가 발생할
수 있으므로 주의해서 사용해야 합니다. if문이나 for문과 같이 '{...}'를
사용할 때는 '{'를 같은 라인에 붙여서 사용해야 합니다. C에서는 if나 for
문을 사용하는 경우 '{}'를 생략할 수 있는 경우도 있기 때문에 Go 언어에
서는 반드시 '{}'를 사용해야만 합니다. C에서는 'if (condition)'에서
'( )'를 사용하지만 Go 언어에서는 [코드 8]과 같이 생략할 수 있습니다.

[코드 8] Go 언어에서 if문 사용 시 주의사항 ──────────────

```
if i == 0 {   // 올바른 사용
    f()
}
if i == 0     // 컴파일 에러. ';'이 삽입되어 if i == 0 ;이 되기 때문이다.
{
    f()
}

// 다음과 같은 오류 발생
prog.go:19: missing condition in if statement
prog.go:19: i == 0 not used
```

이경험 세미콜론과 조건문의 '( )'를 사용하지 않는다면 코드량이 많이 줄어드는 효과가 있겠네요.

신제용 그렇습니다. Go 언어에서는 기존 C에서 불필요한 것을 모두 없앴다고 보면 됩니다.

▨ while

[코드 9]와 같이 C나 Java에서는 while을 키워드로 사용하여 반복제어문을 구현하는데, 이 동작은 for와 유사하다. C를 처음 배울 때 'while과 for의 차이점은 대체 무엇일까?'라는 의문을 한 번쯤 가져 봤을 것이다. 어떤 경우에 for를 쓰고 어떤 경우에 while을 쓰는지 말이다. 실제로 구글에서 'for while 차이점'을 검색해 보면 많은 답변을 찾을 수 있다. 간단히 답하면, '동일한 기능을 구현할 수 있으며 코드 가독성이나 컴파일러마다 성능 차이를 낼 수 있다' 정도일 것이다. Go 언어에는 'while'이라는 키워드가 없다. [코드 10]과 같이 for를 사용하여 while을 구현하고, for 이후에 조건이 오면 while과 동일합니다. 사용 방식만 다르고 동일한 기능을 수행하던 것을 하나로 묶었다. 마치 리팩터링하여 중복된 부분을 제거한 느낌이다.

[코드 9] C에서 whlie문 ─────────────────────────────

```
while(condition)
{
    //....
}
```

[코드 10] Go 언어에서 for로 while 구현 방법 ──────────────

```
for condition{
    //....
}
```

김학생 C를 배울 때 while이 왜 별도로 필요한지에 대해 깊게 생각해 보지 않았던 것 같아요. 분명 비슷하긴 한데 다르게 쓰는 이유가 있을 것이라는 정도로만 생각하고 있었습니다.

이경험 저 역시도 while을 사용하면서 if와의 차이나 의미를 깊게 생각해 보진 않았던 것 같네요.

신제용 다음은 Java에만 해당하는 사항으로, 접근 제한자에 대한 내용입니다.

접근 제한자 - public, private

지금까지 살펴본 바, Go 언어에서는 불필요한 키워드를 최대한 줄이려고 노력했다는 것을 알 수 있다. Go 언어에서 가장 재미있다고 생각되는 표현은 Java에서 사용하는 public, private 기능을 대체한 문법이다. 모듈 내부에서 사용하는 경우에는 소문자로, 외부에서 접근할 수 있도록 하기 위해서는 대문자로 시작하는 규칙이다.

Java에서 클래스 외부에서 접근을 허용하는 경우 [코드 11]과 같이 'public'이라는 키워드를 사용하고 클래스 내부로 제한하는 경우에는 'private'이라는 키워드를 사용한다. [코드 12]에서와 같이 Go 언어에서는 함수의 첫 글자가 'F'처럼 대문자로 시작하는 경우 외부 모듈에서 접근 가능한 public이 되고, 'g'처럼 소문자로 시작하는 경우 외부 모듈에서 접근할 수 없다. 이렇게 함으로써 키워드 2개 (public, private)를 절약하는 효과가 있다.

[코드 11] Java에서 접근 제한자 ──────────────────────────────

```
class A{
    public void f(){
    }
    private void g(){
    }
```

```
}
```

[코드 12] Go에서 접근 제한 방법
```
func F(){

}

func g(){

}
```

이경험 대소문자를 이용해 접근 제한자의 속성을 결정하게 한 것은 정말 재미있는
아이디어네요.

신제용 이어서 변수 선언 시 어떤 값으로 초기화되는지에 대해 알아보겠습니다.

■■ 변수 선언 초기화

C나 Java로 개발하는 경우 함수나 메서드 내에서 변수를 선언하고 개발자가 의
도한 값으로 초기화를 수행한다. 코딩하다 보면 대개 묵시적으로 특정 값을 사용
해 초기화하는 경우가 많다. Go 언어에서는 변수를 선언하면 자동으로 타입별로
미리 정의한 [코드 13]의 'zero value'로 초기화된다. 따라서 개발자가 초기화 코
드를 따로 넣을 필요가 없다. Go 언어에서 정의한 'zero value'는 C나 Java로
개발할 때 묵시적으로 자주 초기화에 사용하던 값과 일치하는 것을 알 수 있다. 따
라서 이를 기억하는 데 노력이 많이 필요하지는 않다. [코드 13]은 각 타입에 대한
zero value를 보여준다.

[코드 13] Go에서 사용하는 zero values
```
numeric : 0
```

```
boolean : false
string : ""
pointer, map, slice, channel : nil
struct : zeroed struct
```

이경험 변수 선언 시 어떤 값으로 초기화되는지 명시적으로 스펙에 들어간 것이 특징이군요. 다른 언어에서는 값을 지정하지 않은 경우 개발 환경에 따라서 임의의 값이 들어가 있는 경우도 있어서 항상 특정 값으로 초기화하는 코드를 넣었던 경험이 있습니다.

신제용 맞습니다. Go 언어의 또하나의 특징이라고 할 수 있죠. 다음으로는 Java의 인터페이스와 Go 언어의 인터페이스를 비교해 보겠습니다.

인터페이스

Go 언어의 인터페이스는 Java의 인터페이스와 유사하다. 하지만 사용하는 방법에 차이가 있다. Go 언어를 개발한 롭 파이크는 Java의 인터페이스보다 '참신(novel)'하다고 표현한 바 있습니다.

인터페이스의 정의는 '메서드들의 집합'이다. 이런 정의만으로는 감이 오지 않을 것이다. Go 언어의 인터페이스를 쉽게 이해하려면 Java의 인터페이스로 구현한 것을 동일하게 Go 언어로 구현해 보는 방법이 있다. [코드 14]부터 [코드 21]을 통해 Go 언어의 인터페이스에 대해 알아보자.

[코드 14] Java에서 Drawer 인터페이스 정의
```
interface Drawer{
    public void Draw();
}
```

[코드 15] Go 언어에서 Drawer 인터페이스 정의 ───────────────────

```
type Drawer interface{
    Draw()
}
```

[코드 16] Java에서 Circle 클래스 구현 ───────────────────

```
class Circle implements Drawer{
    int r;
    Circle(int r){
        this.r = r;
    }
    public void Draw(){
        System.out.println("Circle is Draw : "+ r);
    }
}
```

[코드 17] Go 언어에서 Circle 구조체와 메서드 구현 ───────────────

```
type Circle struct{
    r int
}
func (c Circle) Draw(){
    fmt.Println("Circle is Draw : ", c.r)
}
```

[코드 18] Java에서 Rectangle 클래스 구현 ───────────────────

```
class Rectangle implements Drawer{
    int w, h;
    Rectangle(int w, int h){
        this.w = w;
        this.h= h;
    }
    public void Draw(){
        System.out.println("Rectangle is w="+w+" h="+ h);
    }
}
```

[코드 19] Go 언어에서 Rectangle 구조체와 메서드 구현 ─────────────────

```go
type Rectangle struct{
    w, h int
}
func (r Rectangle) Draw(){
    fmt.Println("Rectangle is w=", r.w, " h=", r.h)
}
```

[코드 20] Java에서 인터페이스 사용 ─────────────────────────────

```java
public class MyMain {
    public static void DrawForm(Drawer d){
        d.Draw();
    }
    public static void main(String[] args) {
        Circle myC = new Circle(5);
        DrawForm(myC);
        Rectangle myR = new Rectangle(3, 4);
        DrawForm(myR);
    }
}
```

[코드 21] Go 언어에서 인터페이스 사용 ───────────────────────────

```go
func DrawForm(d Drawer){
    d.Draw()
}

func main() {
    var myC Circle = Circle{5}
    var myR Rectangle = Rectangle{3, 4}
    DrawForm(myC)
    DrawForm(myR)
}
```

이경험 Java와 비교해 설명하니 이해가 쉽네요. 아직은 클래스 대신 인터페이스
만 써서 구현하는 것이 조금 생소합니다.

신제용 클래스 없이도 유연한 개발이 가능하니 조금씩 사용하면서 익혀 보는 것을 권합니다. 다음은 switch문에 대해 알아보겠습니다.

▨ switch

C에서 switch문을 사용할 때 가장 실수하기 쉬운 부분이 break문이다. break를 넣어야 하는데 넣지 않은 경우와 넣지 말아야 하는데 넣은 경우에 문제가 발생한다. 코딩 스타일에 따라 switch 내부에 break문을 쓰거나 생략하는 등 코드를 복잡하게 사용하여 그 의도가 명확하게 드러나지 않는 경우가 많다. 예전에 함께 일했던 한 개발부서에서는 break를 무조건 넣는 것을 코딩룰$^{Coding Rule}$로 정하기도 했다. Go 언어에서는 직관적이며 간결화하는 방법으로 이 문제에 접근했다. Go 언어에서는 [코드 22]처럼 switch문에서 break문을 사용하지 않는다. 의도를 명확히 하기 위해 [코드 23]처럼 다른 case지만 동일한 동작을 해야 하는 경우에는 각 case를 ','로 연결하여 표현한다. switch문에 사용하는 조건은 비교연산이 가능한 것이라면 상수뿐만 아니라 어떤 것이라도 가능하다. 따라서 string도 사용할 수 있다.

[코드 22] Go 언어에서 일반적인 switch 사용

```
switch i {
    case 0: // i가 0인 경우 하는 일이 없으며 break를 사용하지 않는다.
    case 1: // i가 1인 경우만 수행한다.
        doSomething()
}
```

[코드 23] Go 언어에서 같은 동작을 수행하는 case들

```
switch i {
    case 0, 1: // i가 0 또는 1인 경우 수행한다. 의도가 명확히 표현된다.
    doSomething()
}
```

switch만 있는 경우에는 기본적으로 true가 된다. 기존에 if/else로 표현했던 것을 [코드 24]와 같이 표현할 수 있다.

[코드 24] Go 언어에서 switch 이후 생략된 경우 ─────────────────

```
switch { // switch만 있는 경우 true를 기본값으로 가진다.
    case i < 0:
        f1()
    case i == 0:
        f2()
    case i > 0:
        f3()
}
```

김학생 저도 C로 과제할 때 break를 사용하지 않아서 버그가 났던 경험이 있습니다. 설명을 들으니 동일한 동작을 하는 경우를 하나의 case 구문에 ','로 구분해 조건을 넣기 때문에 코드가 어떻게 동작하는지 예측이 쉬울 것 같네요.

함수

[코드 25]는 C에서, [코드 26]은 Go 언어에서 함수를 사용하는 경우다. 아주 비슷한 형태이지만 Go 언어에서 함수를 사용하는 경우 앞에 'func' 키워드를 붙여 준다는 것이 다르다. 그리고 반환 타입에 대한 정의가 C에서는 함수의 시작 부분에 왔지만 Go 언어에서는 맨 마지막에 온다. 실제 이 함수의 동작을 영작해 보면 'Function add returns integer'로 표현할 수 있으니 반환 타입이 함수의 끝에 오는 것이 더 직관적으로 보인다.

[코드 25] C에서 add 함수 ─────────────────────────

```
int add(int a, int b){
```

```
    return a+b
}
```

[코드 26] Go 언어에서 add 함수 ─────────────
```
func add(a, b int) int{
    return a+b
}
```

[코드 27]은 동일한 타입을 갖는 정수형인 i, j, k와 문자열 타입인 s, t로 묶을 수 있다. 이를 통해 코드가 한결 짧아지고 깔끔해지는 효과가 있다.

[코드 27] Go 언어에서 동일 함수 인자 묶기 ─────────────
```
func f(i int, j int, k int, s string, k string)
func f(i, j, k int, s, t string)
```

Go 언어는 두 개 이상의 값을 반환할 수 있다는 특징이 있다. [코드 28]에서는 정수형, 불린^{Boolean}형 이렇게 두 개의 값을 리턴하는 경우를 예로 들었다.

[코드 28] Go 언어에서 두 개 이상의 값을 반환 ─────────────
```
func add(a, b int) (int, bool){
    return a+b, true
}
```

▓▓ 배열

[코드 29]는 C의 배열보다는 파스칼^{Pascal}에서 사용하는 배열과 유사하다. 여기서는 세 개의 정수형을 갖는 배열 ar을 선언했다. Go 언어는 선언 시 'zero value'로 초기화된다. 즉, C에서 사용하는 배열과 가장 구별되는 특징은 포인터가 아니라 값^{value}이라는 것이다. 사이즈를 구하기 위해 len ( )을 사용하는데, [코드 29]를 실행하면 3이 된다.

```
var ar [3]int
len(ar)
```

```
[3]int{1, 2, 3}     // 3개 정수를 갖는 배열
[10]int{1, 2, 3}    // 10개 정수를 갖는 배열 중 처음 3개에 값을 대입
[...]int{1, 2, 3}   // [...]을 가지는 경우 {} 안에 있는 엘리먼트의 갯수로 결정된다. 따라서
[3]int 배열이 된다.
```

이경험 설명을 듣고 코드를 보니 코드 읽기가 훨씬 쉽네요. 특히 2개 이상 값을 반환하는 것이 제일 마음에 들어요.

신제용 기존 C나 Java에는 없는 Go 언어의 특징도 몇 가지 있습니다. 스왑Swap, 슬라이스Slice, 디퍼Defer인데요. 이 3가지 특징에 대해 알아보겠습니다.

▨ Swap

스왑은 두 변수에 들어 있는 값을 서로 맞바꾸는 연산으로, 많은 정렬 알고리즘에서 값의 순서를 바꾸기 위해 사용한다. [코드 31]은 C나 Java에서의 구현 방법인데, Go 언어에서는 스왑을 [코드 32]와 같이 표현한다. 예제에서는 두 변수의 스왑을 보여 주었지만 두 개 이상의 값들도 동일한 방법으로 스왑할 수 있다.

```
int i, j, temp;
temp = i;
i = j;
j = temp;
```

[코드 32] Go 언어에서의 스왑 ————————————————————————
```
i, j = j, i
```

▨ Slice

Go 언어에서는 포인터 연산이 없는 대신 배열^{Array}의 특정 부분을 참조^{Reference}하기 위해 슬라이스를 사용한다. 개념적으로 슬라이스는 0번째 엘리먼트^{Element}를 가리키는 포인터, 슬라이스에 있는 엘리먼트의 개수^{Length}, 담을 수 있는 최대 엘리먼트 허용 개수^{Capacity} 이렇게 세 부분으로 구성된다. [코드 33]을 보면 배열과 슬라이스의 선언 방법이 어떻게 다른지 알 수 있다. 배열에서 사이즈를 지정하는 부분이 없으면 슬라이스가 되는데, 실제로 Go 언어의 소스를 살펴보면 배열보다 슬라이스가 더 많이 보인다.

[코드 33] C에서의 배열과 슬라이스 선언 ————————————————————————
```
var ar [10]int = [10]int{1, 2, 3, 4, 5, 6, 7, 8, 9, 10} // 배열 ar
var a []int // 슬라이스 a
```

슬라이스의 경우 메모리를 할당하는 방식이 아니라 참조하는 방식이다. 따라서 비용 부담 없이 필요할 때마다 사용하면 된다. [코드 34]를 보면 배열과 슬라이스를 이용하는 방법을 알 수 있다.

[코드 34] Go 언어에서의 슬라이스 이용 방법 ————————————————————————
```
a = ar[7:9]     // ar의 7, 8번째 값을 참조한다.
len(a)          // a의 사이즈는 2가 된다.
a = ar[:n]      // ar[0:n] array의 0번째부터 n-1번째까지 참조한다.
a = ar[n:]      // ar[n:len(a)] array의 n번째부터 끝까지를 참조한다.
a = ar[:]       // ar[0:len(ar)] 즉 array전체를 참조한다.
```

Defer

Go 언어에 추가된 키워드 중에 'defer'가 있다. 'defer'가 가장 유용할 때는 파일 입출력^{File I/O} 기능을 구현할 때다. [코드 35]는 C로 구현된 코드로 파일을 열어 파일의 끝까지 읽으면서 처리한다. 파일을 다 읽은 후에는 마지막으로 파일을 닫는 fclose(fs)를 호출한다.

[코드 35] C에서의 File IO

```
int main() {
    FILE *fs;
    char ch;

    fs = fopen("test.txt", "r");
    if (fs == NULL)
    exit();
    while( 1 )
    {
        ch = fgetc(fs);

        if (ch == EOF)
        break;
        else
        doSomething(ch);
    }
    fclose ( fs ) ;
}
```

[코드 36]은 [코드 35]와 비슷한 내용을 Go 언어로 구현한 예제다. 파일을 열기 위해 os.Open( )을 하고 바로 f.Close( )가 호출된다. f.Close( )는 파일을 읽기 위한 동작인 io.ReadAll( )를 마친 뒤에 호출되어야 마땅하다. 이쯤 되면 f.Close( )와 함께 사용된 defer가 하는 일을 짐작할 수 있을 것이다.

영어 'defer'의 사전적 의미를 알고 있다면 단어를 보는 순간 어떤 일을 수행하는 키워드인지 눈치를 챘을 것이다. [코드 36]을 보면 data( ) 함수가 반환되는 시점에 defer 키워드를 사용한 함수가 호출된다. 정리하면 [Open → ReadAll → Close] 순으로 호출된다. Open, Close와 같이 열고 닫는 동작이 쌍으로 존재하는 경우 두 함수를 함께 붙여 사용할 수 있다. 이렇게 함으로써 가독성을 높이고 마무리 동작을 잊지 않게 도와주는 효과가 있다. 그래서 파일을 닫거나 뮤텍스Mutexes의 락Lock을 해제하는 경우에 유용하게 사용된다.

[코드 36] Go 언어에서의 File I/O

```
func data(fileName string) string {
    f := os.Open(fileName)
    defer f.Close()
    contents := io.ReadAll(f)
    return contents
}
```

김학생 C로 과제를 작성하면서 2개 이상 변수값을 스왑하는 경우가 있었는데 Go 에서는 아주 간단하게 해결할 수 있겠네요.

신제용 네, 그렇죠. 자 그럼 이번에는 C나 Java에 비해 엄격하게 적용되는 규칙에 대해 알아보겠습니다.

선언 후 사용하지 않는 변수

이제 처음 Go 언어로 프로그래밍할 때 가장 괴로운 부분을 소개하려고 한다. [코드 37]에서 result 변수를 선언하고 이를 사용하지 않는 경우 [코드 38]과 같이 컴파일 에러가 발생한다는 점이다.

프로그래밍할 때 생각나는 변수들을 먼저 선언해 두고 소스를 작성하는 경우가 많은데, 막상 선언해 둔 변수를 사용하지 않는 경우가 자주 있다. Go 언어에서는 이럴 때마다 [코드 38]과 같은 컴파일 오류가 발생한다. 컴파일 단계에서 코드에 불

필요한 변수는 반드시 걸러내겠다는 확고한 신념이 느껴진다.

불필요한 변수 선언은 C나 Java에서 단순 경고였을지 모르지만 Go 언어에서는 명백한 에러다. 하지만 이러한 제약은 불필요한 변수 선언을 하지 않게 되어 깔끔한 코드를 유지하는 데 확실한 효과가 있고, 이를 잘 이용하면 좋은 프로그래밍 습관도 기를 수 있다.

[코드 37] Go 언어에서 선언 후 사용하지 않는 변수

```go
func add(i, j int) int{
    result := 0
    return i + j
}
```

[코드 38] Go 언어에서의 컴파일 에러 발생

```
prog.go:5: result declared and not used
```

암시적 형변환

암시적 형변환implicit type conversion은 컴파일러가 자동으로 형변환하는 것을 말한다. Go 언어는 버그가 발생할 여지를 최소화하는 데 주력하고 있어서 컴파일할 때 기존 언어에서는 경고로 충분했을지 모르지만 Go 언어에서는 에러가 발생한다. [코드 39]와 같이 Go 언어에서 암시적 형변환을 시도하는 경우 'prog.go:15: cannot use i16 (type int16) as type int32 in assignment'와 같은 컴파일 에러가 발생하므로 [코드 40]처럼 Go 언어에서는 명시적인 형변환을 해야 한다. 또한, int16을 int32에 대입할 때도 반드시 명시적인 형변환을 해야 한다.

[코드 39] Go 언어에서 암시적 형변환

```go
var i16 int16
var i32 int32
```

```
i32 = i16
```

[코드 40] Go 언어에서의 명시적 형변환 ————————————————
```
var i16 int16
var i32 int32
i32 = int32(i16)
```

[코드 41]은 조금 더 극단적인 경우다. MyInt라는 새로운 타입을 정의했는데, int
와 MyInt가 같다고 생각해 j = i처럼 대입하면 컴파일 에러가 발생한다. 즉, 타
입명이 일치하지 않으면 반드시 명시적인 형변환이 필요하다.

[코드 41] Go 언어에서 타입명이 다르면 명시적인 형변환 ————————————
```
type MyInt int
var i int
var j MyInt

func main(){
    i = 3
    //j = i // 결과는 : cannot use i (type int) as type MyInt in assignment

    j = MyInt(i) // 반드시 명시적인 형변환이 필요하다.
}
```

이경험 명시적인 형변환의 경우 의도가 잘 드러나서 코드를 읽을 때 좋을 것 같아
요. 하지만 자성할 때에는 무척 신경 써야 하니 이전보다 조금 귀찮아질 것
같습니다.

신제용 맞습니다. Go 언어는 개발자의 실수를 최소화하는 방향으로 설계되었습
니다. 개발자를 조금 귀찮게 하는 대신 정확하게 작업하도록 하여 소프트
웨어의 품질을 높이도록 한 것입니다. 소프트웨어 품질을 위한 Go 언어의
노력은 또 하나 있습니다. 바로 단위 테스트를 지원하는 것입니다.

■ 단위 테스트

단위 테스트^{Unit Test}의 중요성은 누구나 공감하고 있을 것이다. 특히 신규로 개발되는 언어들을 보면 함께 제공하는 라이브러리에 대해 단위 테스트를 제공한다. 단위 테스트는 개발 언어와 라이브러리를 안심하고 사용할 수 있는 안전망 역할을 한다. 그렇다면 Go 언어에서는 어떨까? Go 언어는 설치할 때 단위 테스트를 동시에 실행하여 자신의 개발 환경에서 실제 라이브러리의 실행 결과를 바로 확인할 수 있으므로 안정감을 준다.

인터넷에 있는 간단한 프로그래밍 문제를 단위 테스트로 풀어봄으로써 Go 언어의 단위 테스트를 경험해 보자. 지금까지의 내용을 이해했다면 코드를 읽는 데 큰 어려움은 없으리라 생각한다.

[코드 42] 패턴 찾기 문제

```
aaaaa -> a
ababab -> ab
abaaba -> aba
c.c.c. -> c.
```

pattern_test.go에서 테스트 코드를 먼저 작성하고, pattern.go에서 실제 문제를 해결하는 코드를 구현한다. C/C++ 환경에서 단위 테스트를 위한 도구인 CppUTest나 Java의 JUnit를 사용해 본 적이 있다면 쉽게 이해가 될 것이다.

[코드 43] 테스트 작성 – pattern_test.go

```
package pattern

import (
    "testing"
)

type patternTest struct{
    in, out string
}
```

```go
var patternTests = []patternTest{
    patternTest{"aaaaa", "a"},
    patternTest{"ababab", "ab"},
    patternTest{"abaaba", "aba"},
    patternTest{"c.c.c.", "c."},
    patternTest{"abcdefg", "abcdefg"},
}

func TestPatterns(t *testing.T){
    for _, e := range patternTests{
        v := getPattern(e.in)
        if v != e.out {
            t.Errorf("getPattern(%s) = %s, but want %s", e.in, v, e.out)
        }
    }
}
```

[코드 44] 구현 코드 작성 – pattern.go

```go
package pattern

import (
    "strings"
)

func getPattern(in string) string{
    strLen :=len(in)
    for i:=0; i<(strLen/2); i++ {
        pattern := in[0:i+1]
        patternLen := len(pattern)
        result := strings.Repeat(pattern, strLen/patternLen)
        if result == in{
            return pattern
        }
    }
    return in
}
```

이경험 얼마 전부터 단위 테스트를 사용하려고 했는데 아직 익숙하지 않아서 적용이 어렵더군요. 단위 테스트 작성을 다시 시도해 보아야겠어요.

병렬성과 동시성

유행어 중에 '뼈그맨'이란 말이 있다. '뼛속까지 개그맨'이란 뜻으로 개그맨의 끼와 재능을 가지고 있는 사람을 뜻한다.[01] Go 언어를 비슷한 방법으로 표현한다면 뼛속까지 동시성 지원을 위한 언어라고 표현하고 싶다. 그만큼 Go 언어에서 동시성은 중요한 의미를 지닌다. 최근 개발 환경을 고려하면 동시성은 현대 개발 언어가 지녀야 할 기본 속성이 되었다고 해도 과언이 아니다.

신제용 드디어 Go 언어의 동시성에 대해 이야기할 시간입니다.

김학생 사실 저는 동시성에 대해 들어본 적이 없습니다.

이경험 동시성이 컨커런시Concurrency를 말씀하시는 건가요?

신제용 네. 맞습니다. 더불어 병렬 프로그래밍이라는 말도 자주 사용합니다.

이경험 동시성과 병렬성은 같은 뜻 아닌가요? 동시성이라는 말보다는 '병렬처리'라는 말을 더 자주 사용하는 것 같습니다.

신제용 사실 우리말에서 자주 사용하는 용어는 아니고 정확히 뜻을 구별해 사용하지 않기도 합니다. 따라서 현업에서는 혼용해서 사용하는 경우가 많습니다. 하지만 Go 언어에서는 동시성과 병렬성의 뜻을 정확히 알고 적합하게 사용해야 합니다. Go 언어가 동시성을 지원하므로 작성한 코드의 동작이 어떻게 될지를 예상하고 프로그램을 작성해야 하기 때문입니다.

---

01 참고: http://www.asiae.co.kr/news/view.htm?idxno=2010090813365522400

김학생 그럼 병렬성과 동시성의 차이점은 무엇인가요?

신제용 우선 병렬성은 문제를 여러 연산Computation으로 나누고 그것을 여러 프로세서나 코어 혹은 분산환경에서 동시에 실행하는 형태를 뜻합니다. 연산이 일어나는 레벨을 기준으로 한다면 비트, 명령어, 데이터, 마지막으로 태스크task 레벨로 분류할 수 있다. 실제로 이런 레벨의 연산들이 동시에 수행되는 것을 뜻합니다. 그림으로 표현하면 다음과 같은 모양이 됩니다.

그림 46 **병렬성**

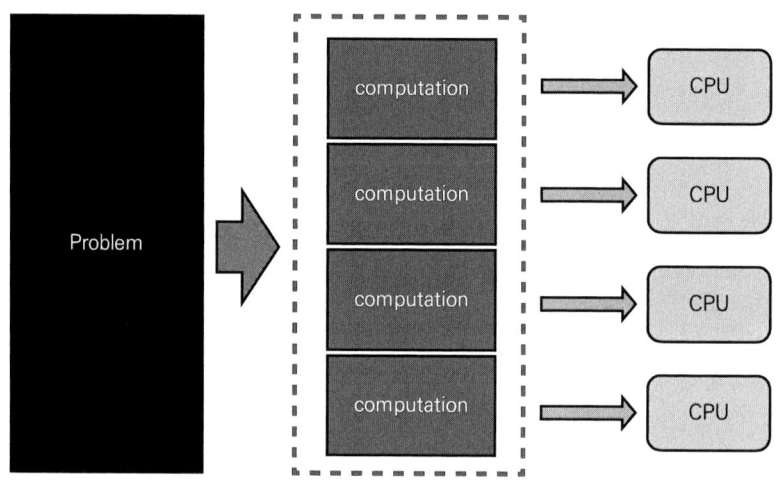

신제용 동시성은 여러 연산이 동시에 수행되고 이 연산들이 상호작용이 발생할 수 있는 시스템의 특성을 말합니다. 연산들은 단일 프로세서나 코어Core에서 시분할Time-sharing 방법으로 동시에 실행될 수도 있고 여러 프로세서나 코어 또는 분산환경에서 동시에 실행될 수도 있습니다. 동시성을 가지는 시스템은 앞에서 언급했듯이 연산들 사이에 상호작용이 있을 수 있으며, 이때 공유 리소스에 대해 교착상태Deadlock나 기아상태Starvation와 같은 문제가 발생할 수 있습니다. 따라서 프로그래밍 관점에서 추상화된 개념이라고 생각할 수 있습니다. 동시성을 그림으로 표현하면 다음과 같습니다.

그림 47 동시성

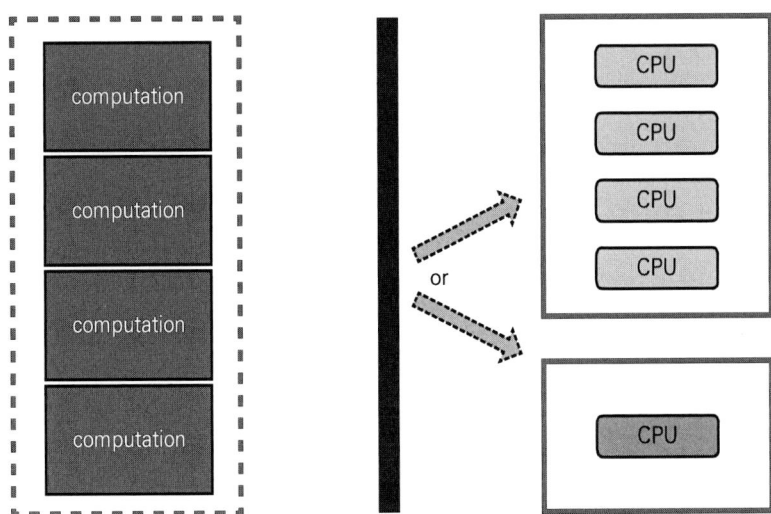

이경험 실제 실행되는 형태의 관점을 병렬성이라고 한다면 동시성은 실제 실행되는 관점을 추상화하며 프로그래밍 관점에서의 접근이라고 볼 수 있겠군요.

김학생 어떤 차이가 있는지 알 것 같습니다만 조금 더 설명해 주시면 이해할 수 있을 것 같아요.

신제용 프로그래밍할 때 4개 코어(CPU1, CPU2, CPU3, CPU4)가 있는 경우를 가정해 봅시다. Go 언어로 작성한 코드에서 어떤 CPU에 특정 일을 할당하고 이를 취합하는 일을 특정 CPU에 할당하는 구현은 하지 않습니다. 이렇게 CPU를 지정하여 연산을 동시에 수행한다면 병렬 프로그래밍이라고 할 수 있습니다. 동시섬은 고급 프로그래밍 언어에서 동시에 일어나는 일들에 대한 정의와 어떤 리소스를 공유할지에 대한 내용을 기술하는 방식이라고 보면 이해하기 쉽습니다.

이경험 제가 지금까지 Java에서 스레드를 사용해 구현하던 것들이 병렬 프로그래밍이 아니라 동시성 프로그래밍이었군요.

신제용 그렇죠. 그럼 동시성의 역사에 대해 간단히 알아보죠.

프로세스가 여러 개라면 어떤 일이 생길까? 이런 경우 어떻게 프로그래밍을 해야할까? 이와 같은 고민이 실제 대학이나 연구소에서 연구 주제로 떠오르기 시작한 때는 1970년대 후반이다. 이때는 '멀티프로세서'라는 주제로 연구가 시작되었다. 멀티프로세서 프로그래밍은 운영체제Operating System, 인터럽트Interrupt, 입출력 시스템I/O System, 메시지 전달Message Passing과 연관이 깊다. '멀티프로세서'가 연구되면서 기존에 생각하지 못했던 새로운 개념들이 도입되기 시작했다. 이를 등장 순서로 정리해 보면 다음과 같다.

- 세마포어Semaphores (Dijkstra, 1965)
- 모니터Monitors (Hoare, 1974)
- 뮤텍스와 락Mutexes and Locks
- 메시지 전달Message passing (Lauer & Needham 1979)

1978년 영국의 컴퓨터 과학자인 토니 호아C. A. R. Hoare가 CACM 논문에서 처음으로 CSPCommunicating Sequential Processes를 소개했다. CSP는 동시성을 지원하는 시스템에서 상호작용 패턴을 표현하는 언어다. 이 논문에서 동시성을 커뮤니케이션의 입출력Input/Output 관점으로 보고 메모리를 공유하는 방식이 아니라 동기화 방식으로 양쪽이 통신이 일어나는 방식을 제안한다. 이후 CSP는 동시성을 지원하는 개발 언어에 지대한 영향을 끼쳤고 지금까지도 CSP와 관련된 많은 연구가 진행되고 있다. 토니 호아는 프로그래밍 언어에 대한 공헌을 인정받아 1980년에 튜링상Turing Award을 수상하기도 했다. CSP의 영향을 받은 언어들은 다음과 같다.

그림 48 CSP로부터 영향을 받은 언어들[02]

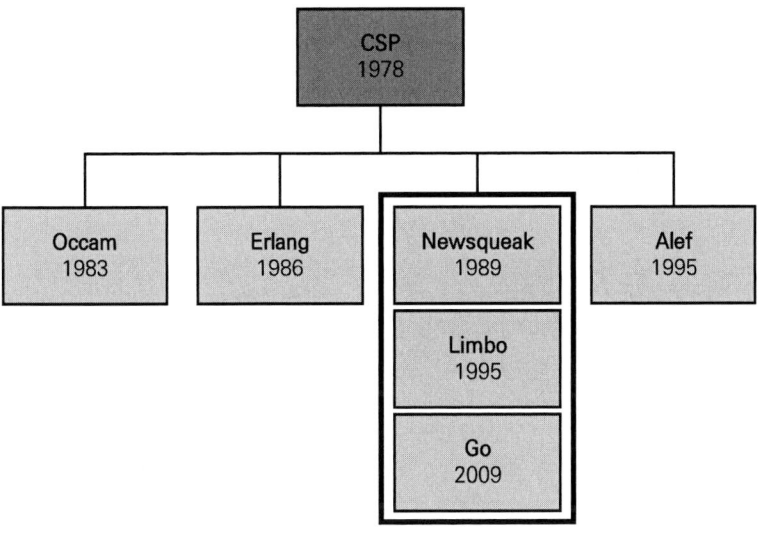

김학생 [그림 49]에 나온 언어들이 저에게는 모두 생소한데요.

이경험 들어는 봤지만 실제 프로젝트에 사용해 본 적은 없는 언어들이군요.

신제용 저도 이 언어들을 실제 프로젝트에 사용해 본 적은 없습니다. Occam은 1983년에 발표된 언어로, 인모스[Inmos]라는 영국의 반도체 회사에서 만들었습니다. 기본 CSP에 가장 가까운 언어라 할 수 있습니다. Erlang은 CSP의 영향을 받은 함수형 언어로, 덴마크 수학자(Agner Krarup Erlang)의 이름을 따서 지었습니다. 스위칭 소프트웨어에 사용하기 위해 에릭슨[Ericsson]에서 개발하였으며 1998년에 오픈소스로 공개 되었습니다.

신제용 Newsqueak은 C와 문법이 비슷하면서 동시성을 지원하기 위한 연구 목적으로 개발되었고, Limbo는 벨 연구소[Bell Labs]에서 만든 것으로 동시성을 지원하는 분산 시스템을 위한 프로그래밍 언어입니다. [그림 49]를 보면

Newsqueak과 Limbo, Go 언어를 같은 박스에 넣을 수 있습니다. 이 3개 언어는 Go 언어를 만든 사람 중 한 명인 롭 파이크가 개발한 언어이기도 하고, 이 언어들은 채널^{Channel}이라는 개념을 도입했다는 공통점도 있습니다.

이경험 Go 언어의 동시성은 갑자기 생겨난 것이 아니었군요.

신제용 그럼 Go 언어에서 동시성과 C나 Java에서 동시성에 대해서 살펴볼까요?

Go 언어에는 동시성을 지원하기 위해 goroutine이 있다. 비동기적으로 함수를 실행하기 위해서 사용하는데, 다른 언어에서는 어떻게 goroutine과 유사한 일을 실행하는지 알아보자.

[코드 45]~[코드 47]은 doSomething이라는 함수 또는 메서드를 언어별로 실행하는 방법이다. [코드 45]는 Java에서 스레드를 실행시키는 방법으로, Thread를 상속하여 run 메서드를 오버라이드한다. 실제로 호출하는 쪽에서는 해당 스레드 인스턴스를 생성하여 start 메서드를 호출하면 새로 생성한 스레드로 doSomething 메서드를 실행할 수 있다.

[코드 46]은 C에서 pthread를 선언하고 pthread_create를 이용해 실행하는 방법으로, pthread_create 함수의 인자로 실행할 함수 포인터를 전달한다. 이렇게 하면 새로 생성한 pthread로 doSomething 함수를 실행할 수 있다.

[코드 47]은 Go 언어에서 goroutine을 실행하는 방법으로, 문법이 아주 간단하죠. goroutine으로 실행할 함수를 go 다음에 적어 주면 된다.

[코드 45] Java에서 Thread 실행하기 ──────────────

```
class SimpleThread extends Thread{
    public void doSomething(){
        //...
    }
```

```
    public void run() {
        doSomething();
    }
}

public class ThreadTest {
    public static void main(String[] args) {
        new SimpleThread().start();
    }
}
```

[코드 46] C에서 pthread 실행하기 ──────────────────────────────

```
void *doSomething()
{
    //...
}

int main()
{
    pthread_t thread_t;

    if (pthread_create(&thread_t, NULL, doSomething, NULL) < 0)
    {
        perror(≪thread create error≫);
        exit(0);
    }
    return 1;
}
```

[코드 47] Go 언어에서 goroutine 실행시키기 ─────────────────────

```
func doSomething(){
    //....
}

func main(){
    go doSomething()
}
```

이경험 함수 앞에 'go'라고 붙이면 바로 스레드처럼 동작하는군요. 문법이 간단하네요.

신제용 goroutine은 다른 언어에서 사용하고 있는 'thread'나 'coroutine'과 유사하지만 다른 속성을 가집니다. 동일한 주소 공간에서 다른 goroutine들과 함께 동시에 실행되고, 스레드보다 가벼우며 스택 주소 공간의 할당이 적습니다.

김학생 C에서는 어떻게 동작하는지 설명해 주실 수 있나요?

신제용 C 프로그램이 실행될 때 주소 공간은 [그림 49]와 같은 구조를 가집니다.

그림 49 C에서 메모리 구조

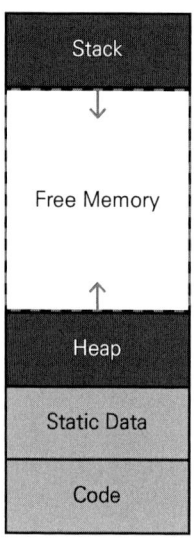

신제용 주소 공간을 아래부터 보면 코드 공간이 있고 그 위에 Static Data 공간이 있습니다. 맨 위쪽에는 스택 영역이 있고 힙 메모리가 필요한 상황이 되면 윗 방향으로 힙 메모리가 증가하게 됩니다. 스택 메모리가 더 필요한 경우가 되면 스택 영역은 아래 방향으로 증가하게 됩니다. C에서 스택은 연속적인 메모리 블록으로 구성되어 있어 새로운 스레드가 생성되면 스레드가 최대로 사용할 만큼의 메모리 블록을 잡게 되는데, 일반적으로 1MB의 스택 영역을 할당받습니다. 짧은 기간 사용하고 종료되는 스레드의 경우 실제로는 몇 KB만 있으면 충분하지만 1MB의 스택 영역을 할당받게 됩니다. 이런 문제로 32bit로 동작하는 경우 메모리 공간이 4GB로 제한되므로 4,000개 이상의 pthread를 만드는 것이 불가능하죠.

김학생 그림을 보니 이해하기 쉽네요.

신제용 Go 언어의 경우 스택을 링크드 코드(Linked-list)로 관리합니다. 이는 할당받은 공간이 충분하지 않으면 추가로 스택을 늘려 달라고 요청해 늘리는 방식입니다. 단기간 사용이 더 잦다는 가정 하에 기본적으로 작은 공간을 할당받고 필요할 경우 더 요청해 쓰는 방식이 됩니다. goroutine은 매번 커널 스레드Kernel Thread를 생성하여 수행하지 않습니다. goroutine은 일부 커널 스레드로 멀티플렉싱Multiplexing되어 사용되므로 C 언어에서 스레드를 매번 생성하는 것보다 goroutine의 경우가 효율적입니다. 또한, C에서 pthread의 4,000개 제한보다 훨씬 많은 goroutine을 만들어 사용할 수 있고요. goroutine의 동작은 다음 [그림 50]과 같습니다.

그림 50 goroutine의 멀티플렉싱 개념

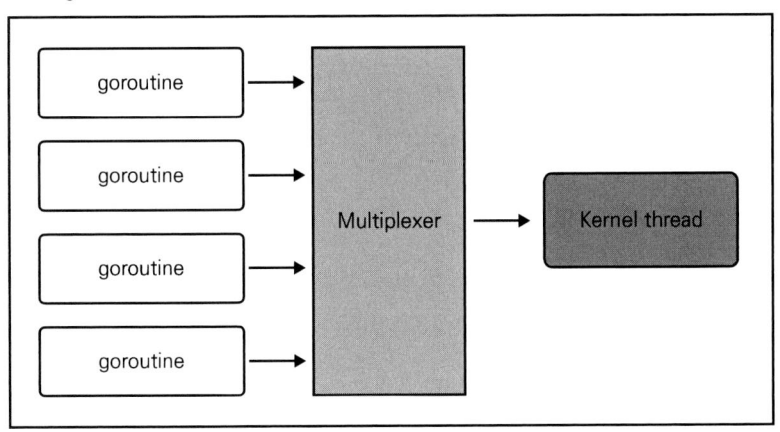

이경험 멀티플레싱 개념을 이용하면, goroutine마다 하나의 스레드를 점유하는 방식이 아니라 동작하는 goroutine이 멀티플렉스를 이용해 스레드에 할당되는 방식이라고 보아야겠군요.

신제용 그래서 내부 리소스를 효과적으로 사용할 수 있죠. 다음은 Go 언어의 중요 개념인 채널에 대해 알아보죠. [코드 47]의 doSomething 함수에 문자 출력 소스를 추가하고 실행해도 화면에 아무것도 출력되지 않고 프로그램이 종료됩니다. 이렇게 되면 goroutine이 정말 동작하는지 확인할 수 없겠죠? 실제 goroutine이 생성되었더라도 goroutine을 생성하고 화면에 문자를 출력하기 전에 main 함수가 끝나버릴 수도 있으니까요.

김학생 그렇다면 goroutine이 실행될 수도 있고 실행되지 않을 수도 있다는 말이군요.

신제용 네. 따라서 실행할 때마다 결과가 다를 수 있는 것입니다. 이를 막기 위해서 doSomething 함수를 실행하는 goroutine과 main 함수 사이에 통신이 필요합니다. 즉 doSomething은 실행이 완료됐음을 알려 주어야 하고 main에서는 완료되었다는 것을 통보받아야 합니다. [코드 48]은 goroutine과 main 함수 상호 간 통신을 위한 코드가 추가된 소스입니다. Go 언어에서 goroutine 사이의 통신은 이 소스와 같이 '채널'을 통해 이루어집니다.

[코드 48] 채널로 통신하는 예

```
func main(){
    c := make(chan int)

    go func(){
        //..
        c<-1
    }()
    <-c
    fmt.Printf("main End")
}
```

이경험 아! 이런 방식으로 서로 동기화시키는군요.

신제용 [그림 51]은 C 언어나 Java에서는 흔히 볼 수 있는 스레드 간에 메모리를 공유하는 방식입니다. 각 스레드는 공유 메모리에 입출력이 가능하며 하나의 스레드만 해당 메모리에 접근하는 경우 'lock'을 이용합니다. 물론 Go 언어에서도 동일한 방식을 지원합니다.

그림 51 스레드에서 메모리 공유

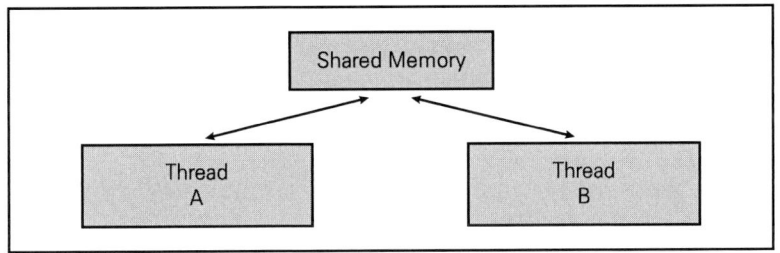

이경험 제가 개발하는 방식도 대부분 [그림 51]과 같습니다.

신제용 Go 언어는 CSP 개념을 이용한 채널로 두 개의 goroutine 간에 메모리를 공유할 수 있습니다. [그림 52]와 같이 두 개의 goroutine 사이에는 채널이 존재하는 것을 표현할 수 있고요. 개념적으로 메모리를 공유할 수 있는 추상적인 통로나 터널이 존재한다고 생각하면 쉽게 이해할 수 있습니다.

그림 52 goroutine A와 goroutine B 사이의 채널

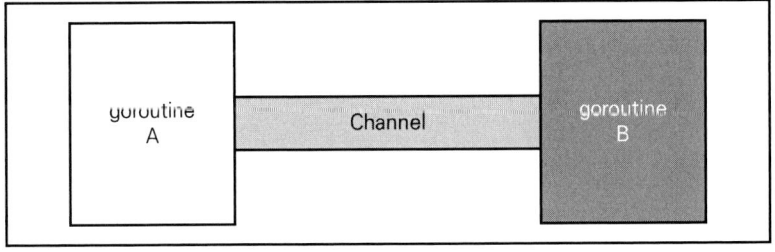

신제용 [그림 53]은 두 goroutine이 공유할 데이터가 있는 경우 채널을 통해 상대 goroutine으로 데이터를 전달할 수 있음을 보여 줍니다. goroutine

은 채널을 통해 데이터 'V'를 goroutine A에서 goroutine B로 전달합니다. 즉, 주는 쪽과 받는 쪽이 있게 됩니다.

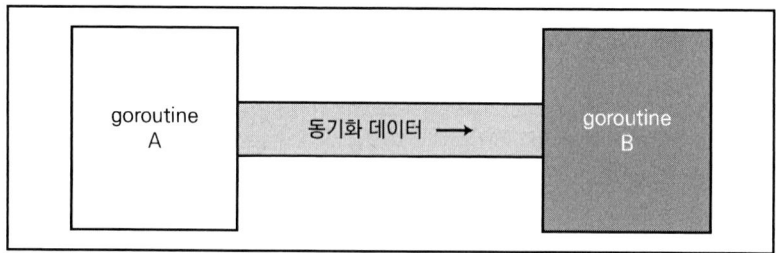

김학생 이제야 메모리 공유 방식이 아니라는 뜻을 이해했습니다. 메모리를 공유하는 방식은 이해가 쉬운데 한쪽이 다른 쪽으로 값을 전달하는 방식은 왠지 구현이 복잡할 것 같다는 생각이 듭니다.

신제용 처음에는 채널을 이용한 방식이 어렵게 느껴질 수 있지만 원리를 이해하고 작성한다면 코드도 간결해지고 메모리 공유 방식에서 나올 수 있는 버그가 발생하지 않도록 예방할 수 있다는 장점이 있습니다.

신제용 자, 그럼 채널은 어떤 속성이 있고 어떻게 사용하는지 살펴보겠습니다. 우선 정의하는 방법을 보면 [코드 49]와 같이 'chan' 키워드를 사용합니다. elementType은 데이터 형으로 'chan int'라고 선언하면 채널이 int형임을 의미합니다. 채널의 데이터 형은 언어에서 제공하는 기본형 이외에 struct와 같이 개발자가 직접 정의한 타입도 가능합니다.

[코드 49] chan 기본 사용법 ────────────────────────

```
chan elementType
```

이경험 elementType은 결국 채널을 통해 보내는 데이터의 타입을 의미하겠군요.

신제용 네, 맞습니다. [코드 50]처럼 채널 변수에 make 키워드를 할당하면 참조 타입이 되고 chan 변수를 다른 변수에 할당하면 동일한 채널을 공유하게 됩니다. 이렇게 두 변수로 상호 간 데이터 공유가 가능하게 되는 것입니다.

[코드 50] Go 언어에서 make 키워드의 역할 ─────────────────────────────

```
var c = make(chan int)
```

신제용 [코드 51]은 Go 언어의 기본 문법으로 변수 선언을 ':='를 통해 채널의 선언과 할당이 이루어집니다. 채널은 연산자로 '<-'가 사용되며, '<-'는 단항 연산자$^{Unary Operator}$와 이항 연산자$^{Binary Operator}$ 두 가지 용도로 사용됩니다.

[코드 51] :=을 통한 선언 및 할당 ─────────────────────────────

```
ci := make(chan int)      //int형 채널 생성
cs := make(chan string)   //string형 채널 생성
```

신제용 화살표 방향은 데이터의 흐름을 의미하기 때문에 직관적으로 이해하기 쉽습니다. [코드 52]는 채널 'c<-1'은 화살표가 가리키는 것처럼 채널 c로 데이터를 보내겠다는 뜻입니다. 받는 쪽의 처리는 [코드 53] 중에 하나로 구현할 수 있습니다.

[코드 52] 이항 연산자로 사용된 <-(send) ─────────────────────────

```
c := make(chan int)
c<-1                      // 1을 채널 c로 보낸다.
```

[코드 53] 단항 연산자로 사용된 <-(receive) ────────────────────────

```
v = <-c    // 채널 c에서 값을 받아서 v에 대입한다.
<-c        // 채널 c에서 값을 받아 사용하지 않고 버린다.
i:=<-c     // 채널 c에서 값을 받고 이 값으로 i를 초기화한다.
```

이경험 자꾸 보다 보면 익숙해지겠지만 아직은 '<-'와 같은 기호가 낯설긴 합니다.

신제용 기호로 외우기보다는 직관적 표현이라는 관점으로 보면 쉽게 이해하는 데

도움이 됩니다. 그리고 goroutine 간에 통신은 두 가지 특성이 있습니다.

- **보내는 동작** 받는 쪽이 동일 채널에 대해서 받을 준비가 될 때까지 대기합니다.
- **받는 동작** 전달하는 쪽이 동일 채널에 대해서 전달할 준비가 될 때까지 대기합니다.

이경험 이 말은 양쪽이 서로 준비가 되었을 때 동작하게 된다는 뜻인가요?

신제용 네, 맞습니다. 양쪽이 모두 주고받을 준비가 되어야 동작하는 동기화 방식과 같습니다. 따라서 goroutine 간 통신은 동기화의 형태를 가지며 채널로 연결된 두 개의 goroutine은 통신 시점에서 동기화가 이루어지게 되는 것입니다.

신제용 마지막으로 메모리 모델^{Memory Model}에 관해 이야기해 보겠습니다.

김학생 메모리 모델이 무엇인가요?

신제용 메모리 모델이란 스레드와 메모리 간에 어떻게 상호작용이 이루어지는지를 설명하는 것으로, 컴파일러가 어떤 식으로 메모리 관리와 관련된 코드를 생성해 내는지에 대한 일종의 스펙과도 같습니다. Go 언어의 메모리 모델은 두 개의 goroutine이 동일한 메모리에 접근할 때의 상호 작용에 대해 명시하고 있습니다.

김학생 왜 메모리 모델이 필요하죠?

신제용 대부분 컴파일러는 컴파일하는 동안 성능 최적화를 위해 작성한 코드의 처리 순서를 조정합니다. 이렇게 순서를 조정하게 되면 논리적으로 코드를 작성한 개발자가 의도했던 것과 전혀 다른 수행결과를 얻을 수 있기 때문입니다. 컴파일러는 단일 스레드에서 실행되는 관점에서 동일하게 동작하는 수준의 재조정을 하는데, 2개 이상의 스레드에서 실행되는 경우 문제가 발생하는 것입니다.

김학생 컴파일러가 제가 작성한 코드의 실행 순서를 바꾸는 줄은 몰랐습니다.

신제용 동시성 지원을 위해 여러 스레드가 동일한 메모리를 I/O할 경우 컴파일러의 순서 재조종이 개발자가 의도한 동작을 반드시 보장하진 않습니다. 스레드는 디버깅이 어려워 단순히 코드를 읽는 것만으로 실제 동작을 예측하기 쉽지 않고 문제가 된 상황을 재현하기도 만만치 않게 되죠. 메모리 모델에 대한 이해는 동시성을 갖는 프로그래밍에서 반드시 이해해야 할 필수 사항입니다.

김학생 다른 언어에서도 메모리 모델을 제공하고 있나요?

신제용 네. 동시성을 지원하는 언어에서는 필수입니다. 개발자는 자신이 사용하는 프로그래밍 언어가 어떻게 작성한 실행 순서를 재조정하는지 이해해야 합니다. 그래야 개발자가 의도한 대로 구현할 수 있겠죠? Go 언어는 http://golang.org/ref/mem에서 메모리 모델에 관한 자료를 제공하고 있으니 읽어보기를 권합니다.

동시성 예제

프로그래밍하면서 자주 접하는 문제는 Go 언어가 지원하는 동시성을 이용하면 쉽게 해결할 수 있다. 문제 해결 방법이 비슷한 유형으로 모으면 일종의 패턴이 된다. 이 패턴을 통해 동시성이 어떻게 동작하고 어떻게 구현해야 하는지 익히는 것도 좋은 방법이다.

신제용 지금까지 동시성에 대한 개념과 Go 언어의 동시성 지원에 대해 주로 이야기를 나눴습니다.

김학생 새로운 지식이 너무 많이 들어와서 모두 소화하기는 힘들었어요. 다행히 중요한 포인트는 이해한 것 같습니다.

신제용 동시성에 대해 처음 접했을 때는 개념이나 용어들이 생소할 것입니다. 처음에 개념을 먼저 이해하고 다른 문서나 예제를 보면 조금 더 쉽게 이해할 수 있습니다.

이경험 Go 언어에서 동시성이 중요하다고 하니 동시성을 제대로 익혀 사용해 보고 싶습니다.

신제용 롭 파이크가 Go 언어의 동시성이 얼마나 강력한가에 대한 발표에서 사용한 예제를 바탕으로 코드와 함께 Go 언어의 동시성에 대해 설명해 보겠습니다. 여러 예제를 찾아보았지만 이 예제만큼 Go 언어의 동시성에 대해 알기 쉽게 설명하기는 힘들더군요. 저도 이 예제로 Go 언어의 동시성을 이해하는 데 많은 도움이 되었습니다. 롭 파이크의 예제[01]를 기반으로 처음 동시성을 접하는 분들이 이해할 수 있도록 구체적인 시나리오를 설정해 설명하겠습니다.

이경험 사례와 코드가 있다면 이해하기 조금 더 쉽겠네요.

신제용 자, 그럼 각자 스마트폰을 꺼내 웹 브라우저를 실행해 볼까요? 구글로 '동시성'을 검색해 보겠습니다. 저는 [그림 54]와 같은 화면이 보이네요.

그림 54 '동시성' 검색 결과

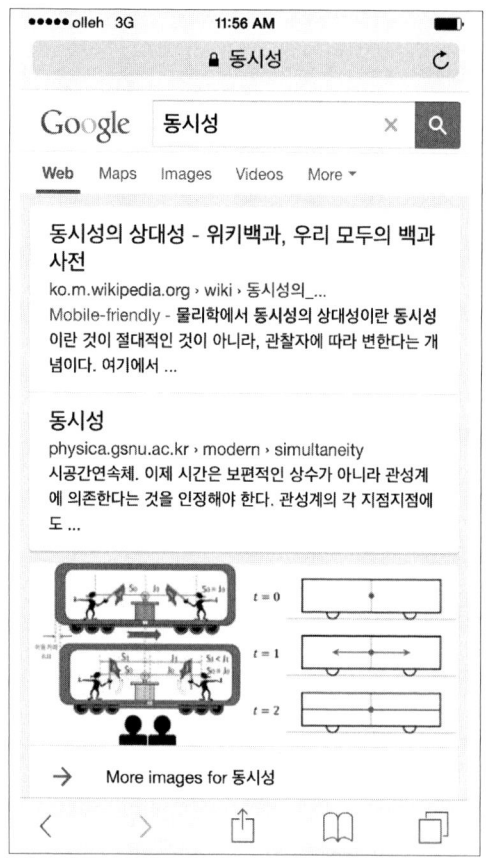

---

01 http://talks.golang.org/2012/concurrency.slide

김학생 네, 저도 같은 화면이 보입니다.

신제용 이제 예제로 실제 검색 엔진의 동작을 시뮬레이션하는 코드를 작성해 보겠습니다.

이경험 검색 엔진은 엄청 복잡할 것 같은데 예제로 적절한가요?

신제용 물론 실제 검색이 일어나는 부분은 추상화할 예정입니다. 예제에서는 검색을 요청하고 이를 취합하는 부분에 집중합니다. 웹 브라우저를 보면 검색 결과는 다양한 분류로 정리되어 있는 것을 알 수 있습니다. 검색 창 바로 밑에 Web, Maps, Image, Videos 등과 같이 분류 탭이 있고, 탭을 클릭하면 해당 분류와 관련된 검색 결과만을 보여 주는 방식이죠. 자, 이제 이와 같은 구글 검색 시스템을 개발한다고 가정해 보겠습니다. 웹 브라우저에서 '동시성'이라고 키워드를 입력하고 검색 버튼을 누르면 키워드를 구글 검색 시스템에 전달하여 검색이 시작됩니다. 구글 검색 시스템에 Web, Images, Videos 등 분류와 관련된 검색을 담당하는 시스템이 있다고 한다면 우리의 검색 키워드를 받아서 각 분류에 따라 검색하도록 동작하면 됩니다. 이를 그림으로 표현하면 다음과 같습니다.

그림 55 웹 브라우저에서 서버로 검색 요청 시 동작

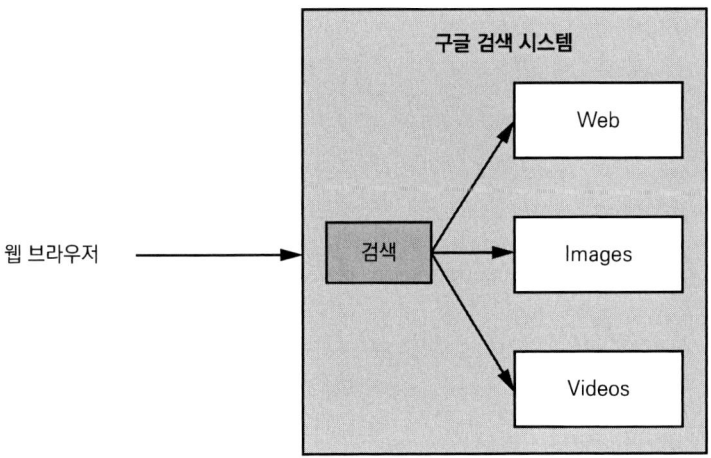

신제용 검색 결과를 출력하려면 분류별로 검색을 진행한 뒤 그 결과를 취합하는 과정이 필요합니다. [그림 56]처럼 Web, Images, Videos에서 검색 결과를 받아서 정리해 검색을 요청한 브라우저에 전달해야 합니다.

그림 56 웹 브라우저로 검색 결과 취합과 전달

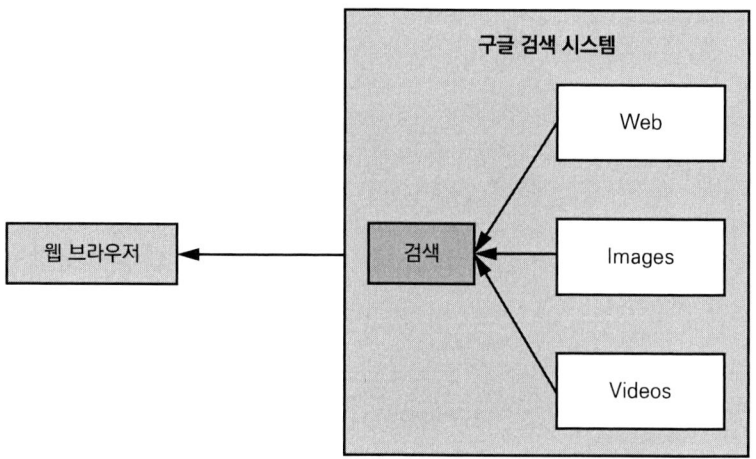

김학생 그림에서 '검색'에 해당하는 시스템의 역할이 중요하네요. 요청을 받고 그 요청에 따른 결과를 취합하는 역할이니까요.

신제용 그렇습니다. 예제에서는 '검색' 시스템이 하는 일을 코드로 설명하고, 실제 검색이 일어나는 Web, Images, Videos는 '검색' 시스템을 흉내 내는 가짜 시스템으로 구성할 예정입니다.

[코드 54] 가짜 검색 시스템 ─────────────────────────────

```
var (
    Web   = fakeSearch("web")
    Image = fakeSearch("image")
    Video = fakeSearch("video")
)
type Search func(query string) Result

func fakeSearch(kind string) Search {
    return func(query string) Result {
```

```
        time.Sleep(time.Duration(rand.Intn(100)) * time.Millisecond)
        return Result(fmt.Sprintf("%s result for %q\n", kind, query)
    }
}
```

신제용 검색 조건으로는 반응속도는 규칙적이지 않지만 100ms 이내에 처리할 수 있다고 가정합니다. 이를 구현하기 위해 검색 함수는 무작위로 100 이하의 수를 생성하여 100ms 이내 시간 동안 time.Sleep 함수로 sleep 모드에 들어갔다가 깨어나면서 결과를 반환하게 됩니다. Web, Image, Video 이렇게 3개의 검색 함수를 변수로 생성합니다.

김학생 아직 Go 언어 문법에 익숙하지 않지만 설명하신 내용으로 구현이 어떻게 동작할지 예상은 가능합니다.

신제용 실행되는 부분의 코드는 [코드 55]와 같습니다. start, elapsed는 수행 시간을 측정하기 위해 사용하고, 검색 키워드가 '동시성'일 경우 검색 함수는 Google("동시성")를 통해 실행됩니다.

[코드 55] 검색을 실행하는 main 함수 ─────────────────────

```
func main() {
    results := Google("동시성")
    fmt.Println(results)
}
```

김학생 동작은 이해가 됩니다. 그렇다면 구현할 검색 시스템은 Google 함수 내에서 모든 처리가 이루어지는 것인가요?

신제용 맞습니다. Google 함수 내부를 어떻게 구성하느냐에 따라서 다양한 검색이 가능합니다. 우선 동시성을 사용하지 않는 가장 단순한 방법으로 구현해 보겠습니다.

[코드 56] Google 함수의 순차적 검색 방식 ──

```
func Google(query string) (results []Result) {
    results = append(results, Web(query))
    results = append(results, Image(query))
    results = append(results, Video(query))
    return
}
```

이경험 Web, Image, Video 순으로 검색 결과를 results에 추가하는 방식이군요.

신제용 네. 순차적으로 Web 검색이 끝나면 Image 검색으로 넘어가는 방식입니다.
따라서 전체 검색에 드는 시간은 각 검색에 드는 시간의 합이 됩니다.

김학생 그렇군요. 이해했습니다.

신제용 이제 본격적으로 Go 언어의 동시성을 이용해 코드를 작성해 보겠습니다.
C나 Java를 이용하는 경우 스레드를 이용해 각 검색을 실행하겠지만 Go
언어에서는 goroutine을 이용해 각 함수를 호출합니다. 그리고 그 결과
는 채널 c로 받아서 취합하게 됩니다.

[코드 57] goroutine을 이용한 검색 방식 ───────────

```
func Google(query string) (results []Result) {
    c := make(chan Result)
    go func() { c <- Web(query) } ()
    go func() ( c <- Image(query) } ()
    go func() ( c <- Video(query) } ()

    for i:=0; i<3; i++ {
        result := <-c
        results = append(results, result)
    }
    return
}
```

이경험 이렇게 간단하게 실행되는 건가요?

신제용 Go 언어에서 동시성을 위해 제공하는 goroutine과 채널을 이용하면 락, 조건/상태 변수, 콜백을 사용하지 않고도 동시성을 만족하는 코드를 작성할 수 있습니다. 채널을 통해서 결과를 얻어올 수 있으니까요.

김학생 go 키워드를 이용해 동시에 실행한다는 것은 이해가 됩니다. 하지만 루프에 있는 동작은 아직 이해가 어렵습니다.

신제용 Web, Image, Video를 동시에 실행하면 어느 검색이 빨리 끝날지 예측할 수가 없습니다. 다만 가장 빨리 검색을 완료한 것부터 차례로 검색이 종료될 것입니다. 각 검색이 종료되는 시점에 먼저 검색을 종료한 것부터 채널에 결과를 넣어 달라고 작성했습니다. 다시 말해, 가장 빨리 실행을 완료한 것부터 3번 채널에서 결과를 받아 취합하는 과정을 for문에 작성한 것입니다.

김학생 코드에서 c라는 채널로 각 검색의 결과들을 취합하는 것이군요.

신제용 맞습니다. 그렇다면 검색에 걸리는 시간은 어떻게 계산할 수 있을까요?

이경험 Web, Image, Video 중 가장 오래 걸린 동작이 검색에 걸린 시간이 되겠는데요.

신제용 네. 동시에 실행되기 때문에 가장 마지막에 결과를 반환하는 검색이 바로 검색에 걸린 시간이 될 것입니다. 여기서 검색의 기능을 조금 더 업그레이드해 보겠습니다. 사용자가 항상 80ms 내에 결과를 받아보기 원하는 경우를 생각할 수 있습니다. 즉, 검색 결과를 특정 시간 이내로 보장하여 사용자에게 빠르게 동작하는 것처럼 보이게 해야 합니다. 그렇다면 80ms 이내에 검색 결과를 내놓지 못하는 검색은 어떻게 되는 것일까요?

이경험 80ms 이상 걸리는 검색은 무시하고 80ms 내에 받은 검색 결과만 취합하면 될 것 같습니다.

신제용 이를 80ms 타이머를 이용해 다음과 같이 작성할 수 있습니다. goroutine

이후에 80ms 타이머를 구동하게 합니다. time.After 함수는 인자로 받은 시간 후에 채널을 반환합니다.

[코드 58] 80ms 타임아웃을 이용한 검색 방식

```
c := make(chan Result)
go func() { c <- Web(query) } ()
go func() { c <- Image(query) } ()
go func() { c <- Video(query) } ()
timeout := time.After(80 * time.Millisecond)
for i :=0; i<3; i++ {
    select {
        case result := <-c:
            result = append(results, result)
        case <-timeout:
            fmt.Println("timed out")
            return
    }
}
return
```

김학생 select는 무엇인가요?

신제용 select는 channel 타입에만 사용되는 switch 구문과 같습니다. 여기서는 2개의 채널이 사용되었는데, 하나는 c 채널이고 하나는 timeout 채널입니다. 2개의 채널을 각각 따로 받아 처리하는 경우 select를 사용합니다. for문을 통해 3번 채널을 받거나 타임아웃이 걸리는 경우 더는 채널을 기다리지 않고 return으로 빠져나가게 됩니다.

이경험 Go 언어를 사용하니 정말 간단하게 해결되는군요.

신제용 물론 다양한 동시성 문제들이 있습니다. 다른 문제에서는 뮤텍스나 다른 방법이 적합할 수도 있습니다. 하지만 일반적으로 개발에서 접하는 다양한 동시성 문제들을 Go 언어의 채널을 통해 해결할 수 있습니다.

김학생 타임아웃 기능이 정말 쉽게 추가되는 것이 인상적입니다.

신제용 기능을 조금 더 확장해 볼까요? 지금까지는 Web, Images, Videos에 각각 하나의 검색만을 요청했고 타임아웃 시간 내에 검색을 얻지 못하는 경우 해당 검색은 포기했습니다. 이번에는 각 검색에 2개 이상 중복 검색을 요청하겠습니다. 즉, Images 검색 관련해서 동일한 2개 검색을 요청하고 그중에서 빨리 오는 것을 취하는 방식입니다.

그림 57 동시 중복 검색

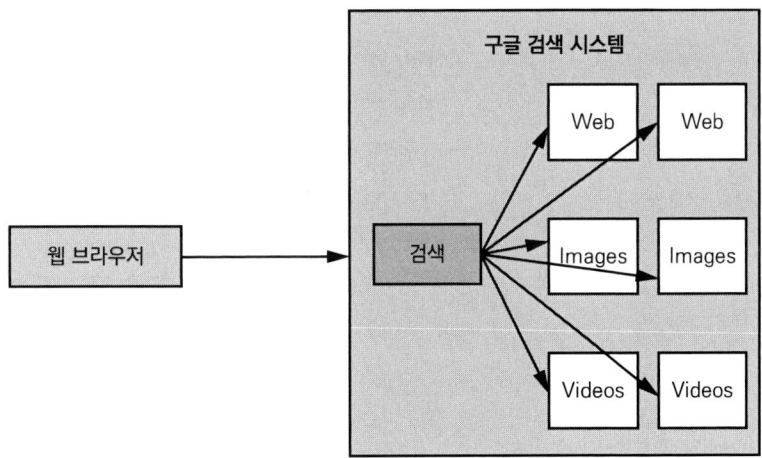

그림 58 동시 중복 검색 시 가장 빠른 응답 선택

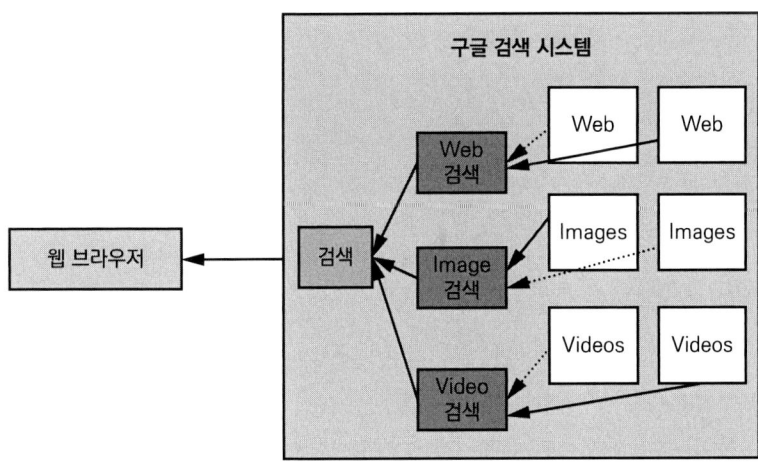

이경험 서버에 부하가 상당할 듯합니다.

신제용 실제로 그럴 수 있겠군요. 일단 예제에서는 검색을 요청한 사용자에게 최
대한 빠른 시간 내에 검색 결과를 확인할 수 있게 하자는 관점에서 생각하
면 좋겠습니다. 이 문제의 해결은 과제로 남겨 두겠습니다. 여러분이 Go
언어의 동시성을 공부하면서 이 문제는 어떻게 해결하면 좋을지 직접 찾아
보면 좋겠습니다.

김학생 학교에서 동시성에 관련된 부분을 배울 때 많은 도움이 될 것 같습니다.

이경험 Go 언어에서는 채널을 이용해 동시성 관련 문제를 해결해야 하나요?

신제용 Go 언어 패키지 중에 sync나 sync/atomic 패키지를 이용하면 다른 언
어에서 사용하던 뮤텍스나 조건/상태변수를 이용하여 동시성을 지원하는
코드를 작성할 수 있습니다. 롭 파이크도 풀어야 할 문제가 무엇인지를 정
확히 파악하고 채널을 이용할 것인지 아니면 기존 방법을 이용할 것인지를
판단하라고 조언합니다. 또한, 복잡한 문제인 경우 채널과 sync 패키지를
함께 사용하면 효과적인 경우도 있으니 적합한 도구를 찾을 수 있도록 다
양한 패턴을 접해 보는 것이 좋을 듯 합니다.

어떤 곳에 사용되고 있나요

인생은 우리가 의도한 대로 흘러가지 않는다. 하지만 가끔은 의도한 것보다 더 큰 선물을 주기도 한다. Go 언어를 처음 시작할 때에는 시스템 프로그래밍 언어를 목표로 했지만 지금은 다양한 분야에서 활용되고 사랑받고 있는 것과 같이…

신제용 혹시 두 분은 Go 언어가 사용된 제품 또는 분야를 들어본 적이 있나요?

이경험 저는 잘 모르겠어요.

이경험 얼마 전에 기사를 통해서 접했던 제품은 도커^{Docker}입니다. 도커에서 Go 언어를 사용하고 있다는 이야기를 들었습니다.

신제용 맞습니다. 도커는 컨테이너 기반 가상화 기술로, 개발자의 개발 환경 구축부터 개발한 서비스를 다양한 플랫폼에서 별도로 설정이나 부가적인 작업 없이 쉽게 실행할 수 있어서 관심을 받고 있습니다.

그림 59 Docker 로고

이경험 하지만 이외에는 잘 모르겠어요.

신제용 다른 예로 혹시 'Twitch'라는 서비스를 아세요?

김학생 네. 저는 사용한 적이 있습니다. 게임 중계하는 사이트죠?

그림 61 Twitch 로고

신제용 정확히 말하면 Twitch는 스트리밍 비디오 플랫폼 회사로, 실시간 게임 중계 또는 사용자가 직접 자신의 게임을 녹화해 등록하고 다른 사용자가 볼 수 있도록 하는 서비스입니다. 국내에서도 사용자가 많은 것으로 알고 있어요. 2014년에 아마존이 약 1억 달러에 인수한 것으로 유명합니다. GopherCon 2015에 Twitch 개발자들이 많이 참여했습니다. 그들에게 물어보니 회사에서 Go 언어를 사용해 개발하고 있으며 Go 언어를 사용한 기능도 있다고 합니다. 더군다나 Go 언어의 비중도 점점 늘어가고 있다는 이야기를 들었습니다.

김학생 대표적으로 어느 기능에 Go 언어가 사용되었나요?

신제용 Tiwtch 앱에서 시청하려는 게임을 선택하면 [그림 61]처럼 실시간 채팅을 사용할 수 있습니다. 이 실시간 채팅 기능이 Go 언어를 이용해 구현한 성공적인 사례라고 이야기하더군요. Go 언어를 사용하고 난 뒤 성능이나 안정성이 향상되었다고 합니다.

그림 61 iOS용 Twitch 앱에서 실시간 채팅

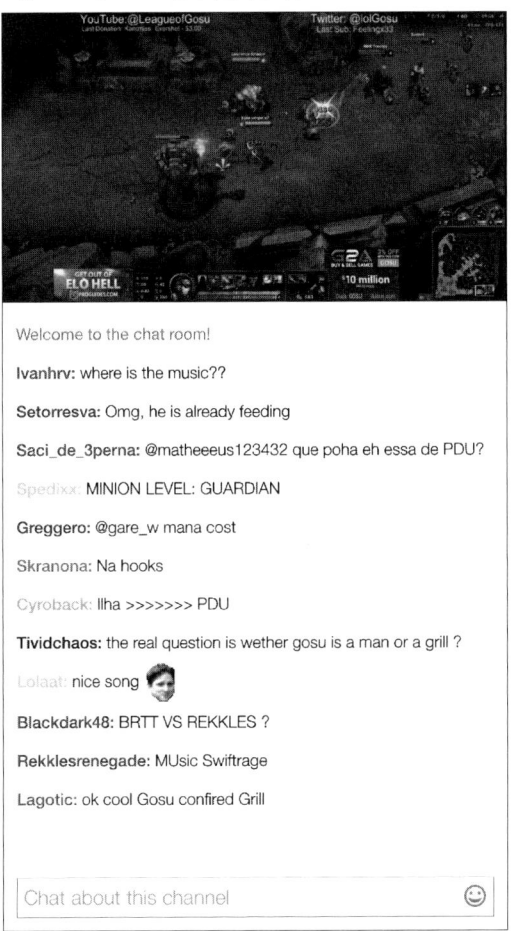

<김학생> 제가 직접 사용하는 서비스라 Go 언어가 친근하게 느껴집니다.

<신제용> 사실 국내에서도 작게나마 여러 프로젝트가 진행되고 있지만, 우리가 아는 특정 서비스나 제품을 Go 언어로 만들었다는 소식을 접하기가 쉽지 않습니다. 하지만 다양한 라이브러리가 개발되는 속도나 작은 성공 소식 등이 Go 언어의 활용을 가속하지 않을까 생각합니다.

<김학생> 그럼 아직은 사용이 미미하다는 뜻인가요?

신제용 많은 사람과 이야기해 본 결과, Go 언어가 C나 Java처럼 주류 언어로 자리 잡고 있는 것은 아닙니다. 이미 사용하는 언어가 있는 경우 이를 대체하기 위해서는 상당한 시간과 노력이 필요하니까요. 최근 SW 개발 트렌드를 보면 어느 하나의 개발 언어로 모든 것을 구현하기는 거의 불가능합니다. 현재 대부분 회사의 접근 방식은 기존 개발 환경에서 동시성이나 성능 향상이 필요한 부분부터 Go 언어를 적용해 나가는 방식입니다. 따라서 우리가 아는 특정 서비스의 상당 부분이 대체되었다는 소식을 듣기 위해서는 시간이 조금 더 걸리지 않을까 예상합니다.

이경험 현실적으로 생각해 볼 때 회사에서 이미 Java나 C로 구현해서 문제없이 정상적으로 작동하는 코드를 새로 인원을 투입해 Go 언어로 바꾸는 경우는 보기 힘들다고 생각합니다.

신제용 그렇습니다. 비용이나 성능과 관련된 이슈와 같이 변경해야 하는 동기가 있어야겠죠. 그렇다면 Go 언어가 어떤 분야에 활용되고 있는지 가장 빨리 파악하는 방법에는 어떤 것이 있을까요?

김학생 구글에서 검색해 보는 방법 아닐까요?

신제용 제 경험으로는 Go 언어 컨퍼런스를 지원하는 기업이나 단체, 발표자의 회사로 찾는 방법이 있습니다. 대부분 컨퍼런스는 Go 언어를 사용하는 기업의 모임이기도 하니까요. 그럼 2014년과 2015년에 Go 언어 컨퍼런스를 지원한 기업의 제품을 살펴보죠. CISCO는 모두 아시죠?

그림 62 CISCO 로고

김학생 네트워크 장비 업체로 알고 있습니다.

이경험 네. 저도 그렇게 알고 있습니다.

신제용 CISCO가 제공하는 서비스 중에 InterCloud라는 서비스가 있습니다. InterCloud 서비스는 private/public cloud 연결을 통해 IoT[Internet of Things] 애플리케이션 런칭을 돕는 것을 목표합니다. InterCloud의 다양한 서비스 중에서 몇 가지 서비스를 이미 Go 언어로 개발했다고 합니다.

그림 63 CISCO InterCould 서비스 구성도[02]

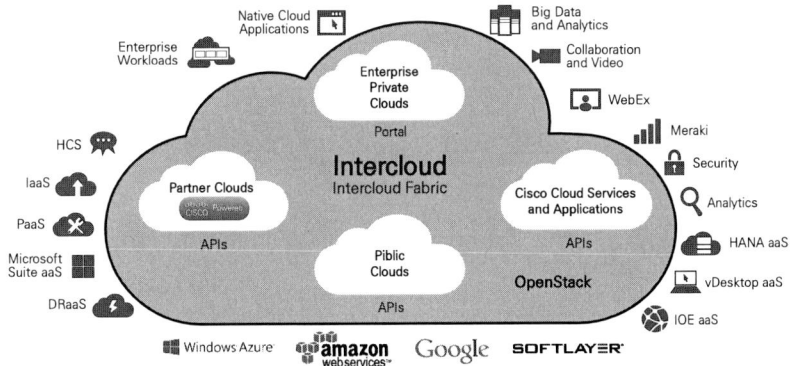

이경험 CISCO가 클라우드 사업을 하는지는 몰랐네요.

신제용 클라우드를 연결한다는 콘셉트로 새로운 서비스를 개발한 경우라 Go 언어를 선택하는 것이 수월하지 않았을까 생각합니다.

김학생 어떤 이유로 Go 언어를 사용했을까요?

신제용 실시간 처리 성능을 높이고 네트워그 환경에서 동시다발적으로 발생하는 다양한 요청을 처리하기 위해서 Go 언어를 선택했다고 합니다.

김학생 또 다른 서비스나 제품이 있을까요?

신제용 사실 가장 활발히 사용하는 곳은 구글입니다.

---

02 참고: http://blogs.cisco.com/government/intercloud4ps

이경험 구글 내부에서도 Go 언어가 많이 사용되고 있나요? Go 언어를 구글이 만들었으니 내부적으로 많이 쓸 것 같긴한데 밖으로 잘 드러나지 않아서 저도 그렇고 사람들이 잘 모르고 있는 것 같아요.

신제용 구글은 서비스 규모가 워낙 커서 온전히 하나의 기술만을 사용해 완성하기에는 한계가 있습니다. 하지만 백 엔드 시스템에서 조금씩 Go 언어로 대체되는 방식으로 확산하고 있다고 하니 지켜보면 좋겠습니다. 다음 장에서 언급할 구글에서 근무하는 개발자와 인터뷰한 내용을 참고하면 도움이 될 거예요.

김학생 그렇다면 Go 언어를 주로 사용하는 회사는 어떤 분야의 회사인가요?

신제용 주로 서버 사이드에서 플랫폼을 개발하는 회사가 주류를 이룹니다. 데이터 분석, 광고 플랫폼, 서버 모니터링 등과 같은 업체들이 Go 언어로 개발하여 서비스를 제공하고 있습니다. 최근에 가장 화제를 모으고 있는 회사는 앞에서 언급하였던 Parse.com입니다. Parse.com은 Ruby에서 Go 언어로 완전히 옮겨 왔고 성능과 확장성 문제도 개선한 사례죠. 이전 플랫폼과 Go 언어로 옮겨오면서 고려했던 상황, 개선 정도 등을 잘 정리해서 더욱 유명해졌습니다.

그림 64 Parse.com

신제용 이 외에 XOR Exchange, Yext, DataDog, CoreOS, New Relic, SoundCloud, MongoDB, Canonical 같은 회사에서 Go 언어로 개발하고 있는 개발자를 만나봤습니다.

그림 65 Go 언어로 개발하는 업체와 서비스

이경험 Go 언어를 임베디드에 사용한 사례도 있는지 궁금합니다.

신제용 임베디드 영역에서 Go 언어를 사용한 사례는 서버 분야에 사용된 것보다 찾기가 쉽지는 않았습니다. 하지만 임베디드 영역에서 Go 언어를 사용한 좋은 예가 있습니다. 혹시 온라인에서 결제 서비스를 제공하는 페이팔^{PayPal}을 아시나요?

김학생 네. 알고 있습니다.

신제용 페이팔은 페이팔 비콘^{Beacon}을 개발했습니다. 페이팔 비콘은 매장 내에서와 같이 근거리에서 무선 결제를 할 수 있는 장치인데, 이 장치가 Go 언어로 만들어졌습니다. 2014년에 열린 Gophercon 2014 행사에서 개발자로 일하고 있는 조쉬 블리쳐^{Josh Bleecher Snyder}가 BLE^{Bluetooth Low Energy} 스택 위에 HTTP 서버를 구현한 경험을 공유했고, 현재까지도 Go 언어로 만든 BLE 관련 코드를 업데이트하고 있습니다.⁰³ Go 언어를 활용한 임베디드 시스템 구축의 좋은 예라고 생각합니다.

---

03 https://github.com/paypal/gatt

그림 66 페이팔 비콘

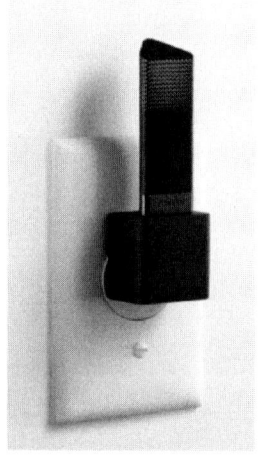

김학생 국내 활용 사례도 있나요?

신제용 아쉽게도 어느 정도 규모 있는 시스템을 Go 언어로 완성했다는 소식을 주
변에서 듣기가 쉽지 않습니다. 그러나 국내에서도 기존 시스템을 Go 언
어로 대체하고 있다는 소식은 들립니다. 작은 규모의 스타트업 중에서 Go
언어로 웹 서비스를 개발하려고 시도하고 있습니다. 그리고 국내 유명 포
털 업체에서도 성능 개선을 위해 일부 기능을 Go 언어로 대체 개발하거나
일부 적용된 사례를 들었습니다. 국내 네트워크 게임 개발회사의 경우 Go
언어의 성능과 동시성에 관심을 가지고 적용해 나가고 있다고 합니다.

이경험 국내에서도 Go 언어를 이용한 서비스들이 개발되는 중이라는 뜻인가요?

신제용 네. 미국과 우리의 환경을 비교해 보면 미국의 경우 새로운 클라우드 서비
스로 창업에 성공하는 회사의 소식이 자주 들립니다. 관련 정보나 인력이
다른 개발 분야의 인력보다 좋은 조건으로 직장을 구하고 있다고 합니다.
하지만 국내의 경우 앱이나 웹 개발을 통한 서비스 위주라 Go 언어가 퍼
지는 데 미국보다는 시간이 더 걸릴 것으로 예상합니다.

Go 언어 개발자 인터뷰

2015년 Go 언어를 사용하여 제품이나 서비스에 적용한 개발자를 만나 이야기를 나누었다. 이때 나눈 그들의 생생한 목소리를 기록으로 남기고자 한다.

데브시스터즈 쿠키런 게임 서버 개발자 **이준성**

신제용 현재 프로젝트에서 Go 언어를 사용하는 분야를 설명해 주시겠어요?

이준성 모바일 게임 백 엔드를 개발하고 있습니다. 사용자의 요청을 받아 처리하는 게임 서버, 앞 단에서 부하를 분산하는 라이브러리, 푸시 서비스 등 대부분 서버 스택을 모두 Go 언어로 개발하고 있습니다.

신제용 Go 언어를 사용하기 전에 사용한 개발 언어는 무엇인가요?

이준성 기존에는 Java(Spring 프레임워크)를 사용했습니다.

신제용 Go 언어를 시작하게 된 계기는 무엇이었나요?

이준성 C++, Java의 언어 복잡성과 Python, Ruby 언어의 미흡한 성능(GIL 로 인해)으로 대안 언어를 검토하던 중 팀에서 Go 언어를 제안한 분이 계셔서 같이 검토를 시작하게 되었습니다. 처음에는 주기적으로 로그를 수집하고 분류하는 데몬을 작성하는 단순한 작업부터 사용하기 시작했습니다. 그런데 직접 사용해 보니 성능과 생산성 두 마리 토끼를 다 잡을 수 있는 언어라고 판단했고, 이후에 점점 더 많은 곳에 Go 언어를 적용해 보고 있습니다.

신제용 현재 가장 도움을 받는다고 느끼는 점은 무엇인가요?

이준성 goroutine의 강력함과 그로 인한 성능과 생산성의 이득에서 도움을 받고 있습니다. 또한, 빠른 컴파일 시간에서 오는 장점들(빠른 Autocompletion, 빠른 test run – bug fix 사이클 등)도 크게 체감하고 있습니다.

신제용 Go 언어와 관련해서 활동과 향후 적용 방향을 말씀해 주시겠어요?

이준성 Go 언어로 안정적인 고성능 서버를 완성하고, 실제로 글로벌 서비스에 적용해 무사히 서비스를 성공시키는 것이 가장 큰 목표고요. 그 과정에서 얻는 경험을 잘 공유해 Go 언어 커뮤니티에 기여하는 것 또한 하나의 목표입니다.

오픈소스놀리지 대표 겸 CTO **이만용**

신제용 현재 프로젝트에서 Go 언어를 사용하는 분야를 설명해 주시겠어요?

이만용 현재 회사의 주고객은 인터넷 서비스와 IPTV 서비스를 제공하는 국내 대형/중형 ISP입니다. 고객사가 가입자에게 대여하는 유무선 공유기, IPTV 셋톱 박스의 규모는 합쳐서 약 600만 개 정도입니다. Go 언어로 만든 네트워크 서버 프로그램은 이 장치들이 주기적으로 보내는 메시지를 수집하고 명령을 전송하는 역할을 수행하고 있죠. 장치들이 보내는 메시지 규모와 메시지 내용을 5분 단위로 실시간 분석하고, 특정 지역에 인터넷/방송 품질 저하가 발생하고 있는지 감지하고 타 시스템에 경고를 보내주고 있습니다. Go 언어의 가장 전형적인 적용 분야가 아닌가 합니다.

신제용 Go 언어를 사용하기 전에 사용한 개발 언어는 무엇인가요?

이만용 서버 프로그래밍은 99% 정도를 Python, 1% 정도를 C로 작업했습니다. C로 만드는 1%도 결국에는 Python에서 사용할 C 모듈이었죠. Python과의 인연은

1999년부터였는데, 생각해 보니 20세기네요, 벌써. Python은 개인적으로 매우 각별한 언어입니다. 초창기 1.5버전부터 Python에 푹 빠져서 그 뒤에는 거의 모든 분야에서 억지로라도 Python을 사용해 왔습니다. 성공한 분야도 있고 실패한 분야도 있지만 특히 실패로부터 많은 교훈을 얻었습니다. 덕분에 대용량 서버에서도 사용할 수 있을 정도로 경험을 쌓았습니다.

신제용 Go 언어는 어떻게 알게 되었나요?

이만용 Go 언어를 알게 된 것은 2013년 Google I/O 컨퍼런스에서였습니다. 물론 그때가 아니더라도 결국에는 Go 언어를 알게 되었겠지만, 1년은 더 늦어졌을지도 모르죠. 5천 명 가까운 개발자가 모이는 축제인 만큼 Google I/O 컨퍼런스의 모든 세션은 30분 전부터 줄을 서서 기다려야 할 정도로 붐볐습니다. 안드로이드 관련 세션은 아예 엄두도 못 냈고요. 그래서 포기하는 마음으로 가장 한가한 세션에 들어갔는데 그게 바로 Go 언어 세션이었습니다. 그리고 그곳에서 전설의 켄 톰슨과 롭 파이크를 보게 되어 매우 기뻤어요. 연이어 Go 언어에 대한 소개 세션을 듣고 그 자리에서 바로 결심했습니다. 저에게 Python 다음 언어는 바로 Go 언어라고!

신제용 Go 언어를 프로젝트에 적용하게 된 계기는 무엇이었나요?

이만용 Python은 매우 훌륭한 언어이지만, 성능적 한계가 너무도 명확했습니다. 그래서 10년 전부터 이 부족한 부분을 채워 줄 새로운 대안을 계속 탐구해 왔습니다. 몇 년 전부터 PyCon에서는 어떻게 하면 Python의 성능을 높일 것인가 활발한 논의가 오갔습니다. 주로 Python의 Dynamic Typing 특성을 조금 희생시켜 Static Typing을 부분 도입함으로써 성능적인 개선을 이룬다는 것이었습니다. 하지만 그 열기는 지금 온데간데없고 Python 3.0 이야기뿐입니다. 솔직히 Python의 획기적인 성능 개선을 기대했는데 엉뚱하게 Python 3.0 논의뿐이라 실망감이 컸습니다.

이만용 딱히 서버 영역이 아니더라도 현대는 SNS와 모바일로 촉발된 병렬 처리의 시대입니다. 이에 적합한 언어를 계속 찾고 있었고 Erlang 언어에도 몇 번 기웃거려본 적 있습니다. 하지만 그 언어로 만들 수는 있다 하더라도 도저히 다른 개발자를 교육하고 함께 유지 보수해 나갈 자신이 없었습니다. 게다가 언어 차체의 묘미라는 게 있어서에 Python에 99% 만족하고 있다 하더라도 끊임없이 새로운 언어를 배우고 실전에 시도해야 하는 상황이었죠. 그중에 가장 많은 영향을 받은 것은 Stackless Python이었습니다. Python에도 채널 개념이 있었기 때문에 Go 언어를 처음 접했을 때 이질감이 들지 않아서 다행이었죠. 이런 고민에 대한 답을 항상 찾고 있었던 터라 구글 I/O 컨퍼런스 세션에서 Go 언어를 알게 되자마자 돌아와서 Python으로 악전고투하고 있던 분야에 바로 적용해 보았습니다.

신제용 현재 가장 도움을 받는다고 느끼는 점은 무엇인가요?

이만용 단연 압도적인 성능 차이를 통해 얻은 '리소스 여유'입니다. 다행히도 제 분야는 하드웨어를 얼마든지 투입할 수 있는 환경이라 Python의 성능적 단점을 더 많은 하드웨어 투입으로 보강할 수 있었습니다. 그런데 중요한 몇 가지 요소를 Go 언어로 교체한 후에는 서버의 부하가 획기적으로 줄어들었습니다. 더는 과도하게 하드웨어를 투입하지 않아도 추가 기능을 다양하게 구현할 수 있게 된 것이죠. '시간적 여유'야말로 가장 큰 안도감을 줍니다. 기존에는 5분 이내에 처리해야 할 데이터를 4분 정도 걸려 처리했다면 이제 Go 언어로 2분 이내에 처리할 수 있습니다. 그렇게 단축한 시간은 다른 기능을 구현할 때 조금 더 자유로운 선택권을 주더군요. 마지막으로는 교육입니다. 모든 의미 있는 개발은 결국 두 명 이상이 함께하게 되어 있다고 생각합니다. 그런 상황에서 시니어 개발자가 주니어 개발자에게 쉽게 교육할 수 있는지는 '즐거운 생산성'을 좌우한다고 생각합니다. Go 언어는 Python처럼 쉽게 가르치고 바로 시작할 수 있을 만큼 작은 언어입니다. 그러나 동시에 그 작은 언어를 가지고 대용량 데이터를 가뿐히 처리할 수 있는 '큰 언어'입니다.

신제용 Go 언어와 관련해서 활동과 향후 적용 방향을 말씀해 주시겠어요?

이만용 Go 언어로 만든 프로그램은 기능적으로 단순한 부분만 구현하고 있으나 모든 데이터 처리의 시작점이며 가장 중요한 역할을 수행하고 있습니다. Go 언어가 데이터를 수집하고 선처리하여 데이터양을 줄이고 나면 나머지는 Python이 처리합니다. 데이터 파싱, 연동 등 'Glue' 역할이야말로 원래 Python이 제일 잘하는 영역입니다. 하지만 데이터양이 너무 많은 경우에는 Python으로도 실시간 처리할 수 없어서 일부 영역에서는 이미 Go 언어로 데이터 파싱, 통계 생성 역할을 수행하고 있습니다.

이만용 향후 2~3년 안에는 데이터 수집, 선처리, 통계 등 초기 처리 등 핵심 작업은 Go 언어로 하고 Python은 그 결과물(이미 선처리하여 데이터양이 획기적으로 줄어들어 부담이 없어진)을 연동하는 역할만 수행하게 할 예정입니다. 지금은 Python과 Go 언어의 비율이 8:2 정도지만 앞으로는 6:4 정도가 되지 않을까 예상합니다. 마지막으로 대형 ISP에 납품하고 있는 기업용 DHCP 제품은 이미 Go 언어 포팅 중이며 2015년 내에는 완성할 예정입니다. 어서 빨리 Go 언어로 된 제품을 시장에 내놓고 싶습니다.

마운틴 뷰 검색팀 구글러

신제용 구글에서 하는 일과 사용한 개발 환경은 무엇인가요?

구글러 검색팀에서 일하고 있습니다. C++와 Python을 지금까지 사용하고 있는데, Python의 경우 주로 빌드 도구나 프로토타이핑 도구로 활용하고 있습니다.

신제용 Go 언어가 세상에 나온 지 꽤 시간이 흘렀는데 구글에서 Go 언어를 활용하는 곳이 많이 늘었나요?

구글러 활용 영역을 점점 넓혀가고 있다고 말씀드릴 수 있습니다. 백 엔드에서는 성능을 위해 C++를 주로 사용하던 분야를 Go 언어로 대체하는 부분이 있습니다. 프론트 엔드에도 일부 Java를 대신하여 Go 언어를 사용하는 곳이 있습니다.

신제용 단도직입적으로 질문을 드리겠습니다. Go 언어가 구글 내부에서 주개발 언어로 자리매김할 수 있을까요?

구글러 하하. 힘을 받고 있다고 말씀드릴 수 있습니다. 회사 내부에서도 다양한 영역에서 활용할 듯합니다. 내부에서의 인기도 상당합니다. 체감할 수 있을 정도로 내부에서 확실히 인기를 얻어가고 있다고 생각합니다.

신제용 Go 언어는 얼마나 사용하셨나요?

구글러 1년 반 정도 되었습니다. 실무에서 가끔 Go 언어를 사용해 개발하고 있습니다.

신제용 주로 언제 Go 언어를 사용하시나요?

구글러: 개인적으로는 제가 하는 일인 백 엔드 개발에서 사용한 경험이 있습니다.

신제용 개인적으로 느끼는 Go 언어의 매력을 이야기해 주세요.

구글러 Go 언어는 사용할수록 재미가 있습니다. 또한, 새로운 철학이나 새로운 시대에 필요한 것을 배우는 것 같은 기대가 있어서 조금 더 관심을 가지게 되는 것 같습니다. Go 언어를 만든 사람들이 워낙 뛰어난 사람들이라 Go 언어를 배우면서도 항상 기대를 하게 됩니다.

HTC 모바일폰 소프트웨어 개발자

신제용 현재 하는 일을 간단히 소개 부탁드립니다.

개발자 지금 모바일폰 제조사인 H사에서 개발자로 일하고 있습니다.

신제용 H사 내에서 Go 언어를 사용하고 있나요?

개발자 네. 사용한 지 1년이 다 되었습니다.

신제용 사내에서 어떻게 Go 언어를 사용하는지 조금 더 구체적으로 설명해 주세요.

개발자 현재 팀원은 10명으로 팀원 모두가 Go 언어를 이용해 개발하고 있습니다. 저희 팀에서는 H사 모바일폰에 기본으로 탑재되는 서비스를 개발하고 있습니다. 모바일폰과 서버가 연동하는 서비스입니다. 안드로이드 운영체제를 사용하는 모바일폰과 서버 쪽에 들어가는 소프트웨어를 Go 언어로 개발하였습니다.

신제용 제조회사는 개발 환경에 대해 보수적인 편인데 어떻게 설득했는지 궁금합니다.

개발자 처음부터 팀이 만들어진 것은 아니었습니다. 실험적으로 Go 언어로 구현했는데, 코드도 짧고 구현 기간도 얼마 걸리지 않더군요. 이후에 여러 서비스를 구현하기 위해 Go 언어로 개발하는 팀이 만들어지게 되었습니다.

신제용 사용하면서 느끼는 Go 언어의 장점은 어떤 것이 있나요?

개발자 모바일 단말기의 경우 C++나 Java를 사용합니다. 서버 쪽은 다양한 개발 환경이 있습니다. 각기 다른 소프트웨어 개발 환경이라 협업도 쉽지 않죠. Go를 이용하여 모바일폰과 서버 쪽에서 동일하게 사용하는 라이브러리를 만들 수 있었습니다. 테스트도 쉽고 개발에 드는 시간도 많이 줄어들었습니다.

신제용 ARM 기반의 안드로이드 운영체제를 사용하는 단말기와 아마존 AWS 같은 서버에 들어가는 소프트웨어에 포함된 공용 라이브러리를 Go 언어로 작성해서 사용하시는군요. 정말 좋은 전략입니다.

개발자 다양한 플랫폼에서 네트워크 관련된 기능을 Go 언어로 쉽게 구현할 수 있죠.

Apple 아이폰 소프트웨어 개발자

신제용 컨퍼런스에는 어떻게 참석하게 되었나요?

개발자 회사에서 Go 언어를 사용하고 있어요.

신제용 A사에서 Go 언어를요? 설마요.

개발자 현재 프로젝트에 사용하고 있어요.

신제용 정말 놀라운 소식이네요. 믿기지 않네요. 저도 A사 스마트폰을 사용하는데 여기에
　　　　　Go 언어로 동작하는 기능이 있다는 뜻이군요.

개발자 그렇습니다.

신제용 하는 일을 간단히 소개해 주세요.

개발자 A사에서 네트워크 관련된 개발팀에서 일하고 있어요.

신제용 Go 언어는 언제부터 사용하셨나요?

개발자 1년 좀 넘었어요.

신제용 Go 언어를 사용하게 된 이유가 궁금합니다.

개발자 처음에 간단한 기능을 구현해 봤는데 잘 동작하기에 그때부터 Go 언어를 사용하
　　　　　고 있어요. 지금은 회사 업무에서 주로 Go 언어를 사용하고 있고요.

신제용 가장 큰 장점은 무엇이라고 생각하세요?

개발자 네트워크 기능의 경우 동시성이 중요한데, Go 언어가 동시성을 잘 지원해 주어서
　　　　　개발에 도움이 됩니다.

New Relic 데이터 분석 소프트웨어 개발자

신제용 다니는 회사에 대해 간단히 소개해 주세요.

개발자 데이터 분석 서비스를 제공하는 회사에서 개발자로 일하고 있습니다.

신제용 사내에서 Go 언어를 사용하고 있나요?

개발자 사내에서 서비스 개발에 Go 언어를 사용한 지는 1년 정도 되었습니다.

신제용 어떤 기회로 Go 언어를 사용하게 되었나요?

개발자 회사에 입사하기 전에 스타트업을 했었는데 거기서 Go 언어를 사용해서 약 3년 전부터 사용하고 있습니다. N사에서 일한 기간은 이제 2년이 조금 넘는데 작년에 서비스 개발할 때 Go 언어로 하자고 제가 우겼죠. 그때부터 제가 참여하는 프로젝트는 Go 언어를 사용해 진행하고 있습니다.

신제용 새로운 개발 언어로 개발하는 팀원들의 반응은 어떤가요?

개발자 제가 팀 리더고 3명의 개발자와 함께 일하고 있어요. 별다른 거부감이 없었던 것으로 기억합니다. 현재도 잘 사용하고 있습니다.

신제용 Go 언어를 사용하면서 이전보다 좋아진 점은 무엇인가요?

개발자 성능 향상이 가장 큰 장점이죠. 개발 언어는 개인적인 기호가 있어서 어떤 것이 더 좋다는 비교는 어려운 것 같아요. 이전보다 성능이 개선되었다는 것은 팀원 모두가 꼽은 장점입니다.

일본 R사 소프트웨어 개발자

신제용 일본에서 오셨나요?

개발자 네. 동경에서 왔어요.

신제용 GopherCon 2015에는 어떻게 오게 되었나요?

개발자 작년 말에 시작한 프로젝트에서 Go 언어를 사용했어요. 컨퍼런스가 있다고 팀장에게 말해서 컨퍼런스에 오게 되었습니다.

신제용 어떤 제품을 개발하고 있나요?

개발자 업무용 복합기에 들어가는 임베디드 소프트웨어를 개발하고 있습니다.

신제용 리눅스 기반인가요?

개발자 업무용 복합기의 경우 리눅스를 운영체제로 사용하고 있습니다. 네트워크를 통해 파일 프린팅 같은 요청이 들어오고 스캐너를 이용해 스캔한 이미지 파일들을 관리하는 기능이 있습니다.

신제용 Go 언어를 사용하기 전 개발 환경은 무엇이었나요?

개발자 C와 C++를 주로 사용했습니다. 개인적으로 Go 언어를 알게 되었고 회사에 제안해서 프로젝트가 시작되었습니다.

신제용 그렇군요. 현재 Go 언어를 이용한 제품이 출시되었나요?

개발자 안타깝게도 지난달에 프로젝트가 중단되었어요.

신제용 안타깝네요. 중단된 이유가 있나요?

개발자 팀장이 프로젝트 중단을 요청했는데 거기에는 몇 가지 이유가 있습니다. 첫째로 기존에 이미 동작하던 코드가 있기 때문이죠. 이미 C/C++로 구현된 코드가 있어서 그것을 활용하는 것이 좋다고 판단을 내렸습니다. 둘째는 일정입니다. 임베디드 장치의 경우 소프트웨어 품질이 아주 중요합니다. 새로 구현한 코드에 대해 테스트를 새로 해야 하니 일정을 맞추기가 쉽지 않다고 생각했습니다. 마지막으로는 Go 언어로 작성하면 사내에 Go 언어를 아는 개발자가 없어서 업무를 인수인계하기가 어렵다는 이유였습니다.

신제용 임베디드 환경에서 Go 언어가 자리 잡기 위해서는 넘어야 할 산이 많네요.

신제용 안녕하세요. 어떤 회사인지 간단히 소개해 주세요.

개발자 스마트폰 애플리케이션 등에 필요한 서버 측의 다양한 기능을 서비스로 제공하는 회사입니다.

신제용 국내에도 현재 많이 알려져 있습니다. 회사에 개발자가 몇 명이나 되나요?

개발자 개발자는 10명 정도입니다.

신제용 전 세계에서 사용하는 서비스를 10명이 개발하고 있다니 대단하네요. Go 언어를 사용해 성공적으로 서비스를 제공하고 있는 사례로 꼽히는데요. Go 언어의 장점을 소개해 주시면 좋겠습니다.

개발자 이전에는 Ruby로 서비스를 제공했어요. 성능 이슈와 기능 확장, 유지 보수에 어려움이 있었어요. 다양한 환경을 고려해 보았는데 Go 언어가 가장 적절하다고 판단했고 지금은 대부분의 개발이 Go 언어를 이용해 이루어지고 있습니다.

신제용 한국에는 Ruby 개발자가 많지 않은데 미국에는 Ruby를 이용하는 개발자가 상당히 많아서 놀랐습니다.

개발자 Ruby에서 Go 언어로 넘어오는 대부분의 이유는 성능 이슈라고 생각합니다. 모든 것을 Go 언어로 넘어오는 것보다는 성능에 이슈가 되는 부분을 개선하는 방식으로 Go 언어를 적용해 보면 도움이 되리라 생각합니다.

참고문헌

01 **Go 언어 홈페이지** http://golang.org

02 **켄 톰슨** http://en.wikipedia.org/wiki/Ken_Thompson

03 **롭 파이크** http://en.wikipedia.org/wiki/Rob_Pike

04 **TIOBE** http://www.tiobe.com

05 **Go 언어** http://en.wikipedia.org/wiki/Go_(programming_language)

06 **NBA 역사상 Top 10 팀** http://goo.gl/vfiSzh

07 **Plan 9 운영체제** http://en.wikipedia.org/wiki/Plan_9_from_Bell_Labs

08 **웹 코믹스** http://xkcd.com/, '컴파일(Compiling)' 만화 이외에도 개발자들이 공감할만한 만화가 많다.

09 **CNET Go 언어 공개 기사** http://news.cnet.com/8301-30685_3-10393210-264.html

10 **Newsqueak 프로그래밍 언어** http://en.wikipedia.org/wiki/Newsqueak

11 **Go 언어 릴리스 정보** https://golang.org/doc/devel/release.html

12 **Go 언어 동시성 이해 돕는 자료** http://talks.golang.org/2012/concurrency.slide

13 **Go 언어 임베디드 사용 사례(Paypal)** http://goo.gl/RJaXqa